愿风吹我到钦州

方文 ◎ 主编
阮成武 苏春华 谢凤芹 ◎ 副主编

文匯出版社

图书在版编目(CIP)数据

愿风吹我到钦州 / 方文主编. —上海：文汇出版社，2020.8

ISBN 978-7-5496-3283-1

Ⅰ.①愿… Ⅱ.①方… Ⅲ.①散文集–中国–当代 Ⅳ.①I267

中国版本图书馆 CIP 数据核字(2020)第 142135 号

愿风吹我到钦州

主　　编 / 方　文
副 主 编 / 阮成武　苏春华　谢凤芹
责任编辑 / 熊　勇
装帧设计 / 力扬文化

出版发行 / 文汇出版社
　　　　　上海市威海路 755 号
　　　　　（邮政编码 200041）
印刷装订 / 成都兴怡包装装潢有限公司
版　　次 / 2020 年 8 月第 1 版
印　　次 / 2020 年 8 月第 1 次印刷
开　　本 / 787×1092　1/16
字　　数 / 240 千
印　　张 / 12

ISBN 978-7-5496-3283-1
　　定　　价 / 42.00 元

序一

钦州历史悠久，1400年的风雨浸染，孕育了一个温暖而多情的岭南古城。有着绵长海岸线的钦州湾，清迥旷远，天趣一统，让人心驰神往。地处桂南腹地的灵山，溪水秀蔚，风光如画；身属六万山余脉的浦北，钟灵毓秀，物产丰饶。这里不仅养育了世世代代的钦州人，而且孕育了独具地域特色的钦州文化。

当市天涯文化研究会把这本沉甸甸的书稿放在我的办公桌面时，我确实被他们的文化情怀和精神所感动了。《愿风吹我到钦州》，我们确实需要有这样一本书。

钦州地处天涯，自古是文人政客贬谪的地方。生存环境销蚀人的肉体与精神，被贬诗人写尽人生的凄清与凄苦，写尽世事的无常和无奈。"天长地阔岭头分，去国离家见白云"，恰恰也是这奇异风光和别样心情，给流贬之人提供创作素材，产生无数佳句名篇、趣闻轶事。特别是齐白石三到钦州，写下了"愿风吹我到钦州"这样的名句，让我们刻骨铭心，让世人心向往之。

时光流转，岁月之水滋润这一方土地。文化，让我们变得更温柔更温情。每一座山，每一条溪流，都饱含我们深沉的爱。对于脚下这片土地，我们太熟悉了。这是我们的伏波庙，这是我们的天涯亭，这里有钦州秀才村，这里有广西楹联村。我们生于斯，长于斯。在这片热土上，有多少梦想在发芽，有多少渴望在生长。一路花开香两袖，两行热泪浸双腮。对于钦州，孩子自有讴歌母亲的美好诗篇。那么，我们母亲在别人眼中，又是怎样一个模样？在我们自己人眼里，又是一个怎样的模样呢？

这本厚重的散文集，作者有国内著名的作家，有区内知名的作家，还有我们

市内的作家。他们足下所踏，风光迷人，虽行色匆匆，不能遍览每一座山，细赏所有的花。但他们温馨地将一扇扇窗子打开，让世界透过这一扇扇窗，探索我们钦州这座滨海城市，了解我们的山，了解我们的水，了解我们的白海豚……

我们需要的不仅是寻找文化认同，更是为了更好的文化分享。

钦州，历经多少沧海桑田，历经多少世事变迁。时代的召唤，一声紧似一声，古城新貌，装点丰富了我们的历史表情。每一处自然风光，每一道人文景观，都有独特的景致和深埋的宝藏。三娘湾逗石，八寨沟嬉溪，五皇山观日，越州天湖泛舟；这里有"荔枝之乡""香蕉之乡""大蚝之乡""奶水牛之乡"；这里是坭兴陶都，这里是英雄故里；这里尽显岭南万千气象，"一带一路"在此扬帆启航。

"愿风吹我到钦州"，是您的梦想，更是我的期盼。钦州物宝天华，惠风和畅；资源丰富，人杰地灵；交通发达，物流便利；您不必担心过时的荒蛮，不必担心"去京万里"的遥远。如今的钦州，国家支持政策叠加，经济社会发展呈现良好态势：国家保税港区、中马钦州产业园、国家级汽车整装进口口岸、中国广西自由贸易区（钦州片区），集装箱班轮通达东盟一些国家，钦州港已成为西部陆海新通道的枢纽港，实现了中欧海铁联运零距离衔接。

唯有初心不忘，才能薪火相传。无论悲喜哀荣，无论过去的现在的，我们都用心留存，用心珍藏。生活是一种怀旧，是一种继续，更是一场探究。让我们返乡，让我们出发。让我们再次爱上某个人某件事，再次爱上这出生地爱上这出发地。

"长风破浪会有时，直挂云帆济沧海"。让我们在这个风的季节，一起浏览钦州，一起分享不一样的风景。

中共钦州市委常委　郑　娟
市　委　宣　传　部　长
2020 年 2 月

序二 钦州何必是天涯

钦州在哪里？

当我得知要调到钦州工作的时候，便查找了一些资料，想从区位优势、经济发展和历史文化的维度全面了解钦州。

1998年2月的最后一天，我乘坐广西区党委组织部送行的越野车驶出了南宁，前往钦州上任，车上只装着我简单行李和几摞书。通往钦州的公路还是三级公路，沙石路面只有五米多宽。路两旁的山丘连绵起伏，森林密布。山道弯弯，起伏不定，途中还要经过一个称"三十六曲林场"的地方。越野车像行驶在波涛汹涌的海面上，一会儿腾上了云端，一会儿又跌下谷底。只有一百多公里路，车子走了近四个小时才到达钦州城区。

报到没多久，便有人介绍说，钦州有"天涯亭"。

"天涯亭"修建于北宋年间，由钦州州官陶弼（1015—1078年）倡导所建。陶弼是湖南永州人，出身书香之家，因军功入仕，嘉祐七年（1062年）被贬钦州，为钦州做了不少好事。《明统一志》记载："（陶弼）仁宗时知钦州，重葺旧城，濬治濠堑，群治愈固，政暇吟咏甚丰。"可见陶弼在任上，安抚边疆少数民族，修整破旧的州城，疏浚护城河流。除此之外，还兴办学校，发展生产，编修州志。因政绩不凡，受仁宗褒奖。离任时，百姓拥满街头，不愿放他离去。

在北宋州官陶弼眼里，钦州是天涯。在清代州官董绍美眼里，钦州还是天涯。董绍美在《重修天涯亭记》曰："钦地南临大洋，西接交趾，去京师万里，故以天涯名……"

天涯钦州，是我的初步印象。

真正让我感受天涯钦州的还是到市委上班以后。看堂堂市委机关，竟萎缩在一栋两层的旧楼办公，每间办公室只有十来平方米，市委书记办公的地方也不例外。各科室放一二张办公桌，人进去都转不开身，最要命的是二十几号人共用两个卫生间，年轻人怕遇领导尴尬，宁愿到外面方便。市委大院周边还布满了稻田，通往外面的路也是坑坑洼洼……

站在天涯亭，我特能理解，陶弼当年为什么要修建这"天涯亭"，也许不仅是为了笑谈风花雪月、吟诗作对，更是为了"吐槽"钦州地域的凶险吧。当然，从历史文化的角度来看，修建天涯亭，不但成为当时文人墨客闲聚场所，更是后任及匆匆过客仰望的地方，成为当今难得一见的人文古迹景观。

唐宋时期，修建凉亭，三五文友在亭里把酒言欢，吟诗作对，正是文人墨客的喜好之风，以致所作诗词歌赋多与亭台楼阁有关。陶弼本身便是位才华横溢的诗人，诗作"政暇吟咏甚丰"。明林希元编撰的《钦州志》，记载了陶弼在钦期间，徜徉于山海之间，看日出日落，观潮涨云飞，先后留下了30多首滨海诗作，但最有代表性的还是《天涯亭》：

雨色丝丝风色娇，天涯亭上觉魂消。

一家生意付秋瘴，万里归心随暮潮。

兵送远人还海界，吏申迁客入津桥。

山公对此聊酣饮，怕见醒来两鬓凋。

这首《天涯亭》大有"断肠人在天涯"的感慨。陶虽然为官尽职尽责，积极为百姓办事，但内心很复杂，公务之余登天涯亭，思念家乡亲人之情油然而生，"万里归心随暮潮""怕见醒来两鬓凋"。

谈宋代州官陶弼，不得不谈明代州官林希元。

林希元（1481－1565年），福建同安人，明正德十二年（1517年）进士，初督学岭南，继授大理寺评事，因上书直言朝廷"纵鹰犬以鱼肉吾民"触怒官家，被解去官职，后由贤臣举奏，复起为大理寺丞。后辽东发生兵变，林希元评说"兵变起于姑息政策"，又得罪朝廷，在嘉靖十四年（1535年）贬谪知钦州。林希元在钦州为官三年，劝农耕，薄赋税，立社学，复儒学，修营堡，固边防，兴利除弊，也为钦州做了许多好事，老百姓感恩戴德，为其建立生祠。他在钦州期间编纂的《嘉靖钦州志》，典雅实用，被后人誉为善本，藏于宁波天一阁。林希元在钦州的官场经历与陶弼大体相同，但从他的诗作来看，思想要比陶弼积极。林在钦州看到了"诗和远方"，对钦州的滨海风光和丰富物产情有独钟。他在《秋日遣兴》中写到：

> 天涯薄宦忽三年，能得身康即是仙。
> 无病不须求药物，有官何必问升迁。
> 青鸠至后波罗熟，滴滴香时螃蟹鲜。
> 谁道此方非乐土？迩来斗米近三钱。

钦州虽处"天涯"，但此地风光旖旎，物产丰富。居官三年，时间一晃而过，只要心情好、身体好，能不能升迁也无所谓了。诗人喜爱当地特产"青鸠""菠萝""螃蟹"，更喜爱当地稻米飘香，物美价廉，诗人乐不思蜀了！便是登上天涯亭，写《天涯亭》诗，也毫无落寞之感。

> 平生梦不到天涯，此日登临独举杯。
> 二水中分鱼鹭出，千峰半卷画屏开。
> 圣朝冠盖从兹尽，交趾王租久不来。
> 铜柱功名夸汉将，百年寥落愧凡才。

诗人将一腔豪情挥洒纸上，感慨做梦也想不到来到这个称为"天涯"的地方，如今独自举杯登天涯亭，竟被眼前美景倾倒，"二水中分鱼鹭出，千峰半卷画屏开"。诗人浮想联翩，想到山高皇帝远，朝廷既没有御旨吩咐，那交趾国也不来朝贡，只有闲赋"铜柱功名夸汉将，百年寥落愧凡才"，自我安慰罢了。

调到钦州，许多朋友不解，为什么去钦州，那可是"天涯"呵。可到钦州工作愈久，愈感到所谓"天涯"并非那么回事。

1962年夏，我国著名剧作家、诗人田汉偕夫人到钦州视察，在天涯亭前驻足良久，感慨地处"天涯"的钦州，过去朝廷流放官员的荒蛮之地，如今发生了显著变化，不再是"天涯"了。感慨之余，田老先生为天涯亭写了一首诗："运河滚滚入湖来，没字危亭草满阶。词客分明怀故土，钦州何必是天涯。"

如今那诗刻在石碑上立于天涯亭前。那诗虽委婉批评当地不重视文化，但又明白告诉我们：钦州何必是天涯。

闲暇之余，到中山公园里散步。原来中山公园内有天涯亭、野香亭、五湖亭、钓鱼台、南湖水榭、中山图书馆、水泥篮球场等。后因城建需要，五湖亭、水泥篮球场等一些老建筑已不复存在，只有天涯亭还屹立在中山公园南湖的龙墩上。眼前的天涯亭几经修缮，亭楣上端庄挂着"天涯亭"匾额，不再是"无字危亭"，地面被清扫得干干净净，"草满阶"现象已不再有。我作为新来的"词客"，没"怀故土"，而是把他乡当故乡了。

如果说，田老先生的"钦州何必是天涯"，对钦州还有点担心和迟疑的话，后来发生的一些事实足以证明：钦州不再是天涯！

1998年初，我刚到钦州那阵子，老百姓谈论最多、市委最关注的一件事，就是建设钦州港。钦州有海无港的问题一直困扰着钦州，成为钦州人民的痛。

为了建设钦州港，在20世纪90年代初，当时钦州地委做出了重大部署。

1991年6月24日，钦州地委召开动员大会，吹响了开发钦州港的号角。

1991年12月23日，进港公路举行开工仪式。

1992年8月1日，钦州港项目举行奠基仪式，各级党政军领导铲下了第一铲土。

1992年12月6日，中共中央政治局常委、国务院总理李鹏偕夫人朱琳乘军舰到钦州湾视察，视察后写下"建设大通道，开发大西南"的题词。

1994年1月，两个万吨级码头建成，钦州终于结束了有海无港的历史。经过钦州人民的不懈努力，一座崭新的港口在茅尾海海口建立起来了。

历史总要前进，功绩自有后人评说。

就在钦州港建成两个万吨级码头之际，曾在钦州任过职的自治区党委常委、纪委书记韦成栋到钦州湾考察，在考察之余诗兴大发，写下了很有见地的诗篇《钦州湾游感》：

浩瀚天涯春意浓，浮烟抚浪海连穹。
朝官鞭打出奇泾，览客舟行舞袅容。
青菜头巅闻玉帝，名乡渔岛斗晶盅。
若将龙殿拓新港，南亚安州一线通。

韦成栋是外地人，但在钦州担任过钦北壮族自治县首任县长、钦县县委书记、钦州地区副专员。钦州是他工作过的地方、成长的地方、付出许多汗水的地方，对此他一往情深。韦成栋既是官员，又是诗人，不摆架子，和蔼可亲，这应该与他的文人情怀有关联吧。他写《钦州湾游感》，可谓出于情发于心，对钦州的熟悉，"安州""青菜头""天涯亭""七十二泾"等地名和景点能从容道来；为避中央领导名讳，诗人用了暗喻手法，"朝官鞭打出奇泾，览客舟行舞袅容"。

当时李鹏总理便是乘坐军舰从七十二泾驶出，浏览沿途海湾风光，看海鸥起舞。"若将龙殿拓新港，南亚安州一线通"。诗人以敏锐眼光，预言港口勒沟有龙腾之势，如果拓展为中国新港，东南亚与钦州便能一线通达。

2014年10月31日，一条爆炸性新闻在新华网上发布："钦州港至韩国—印尼—泰国—越南集装箱班轮航线今天上午首航，这是钦州港第一条国际集装箱班轮直航航线，意味着北部湾港向建设千万标箱现代化大港迈出了重要一步。"

2019年6月30日，时隔不到五年，钦州市政府对外宣称："钦州港经济技术开发区的钦州铁路集装箱中心站开通，当天一列满载来自越南等东南亚国家进口产品的70个标准集装箱货物的'中欧集装箱班列'，从中心站首发驶向德国杜伊斯堡，标志着西部陆海新通道枢纽港——钦州港将实现海铁联运零距离衔接。"

一步一脚印。如今，钦州人民的大港梦终于实现了。在钦州人民百折不挠的努力下，港口吞吐量突破一亿吨，集装箱货物吞吐量达到232万标箱，还设有国家级保税港区、国家级汽车整装进口口岸，集装箱班轮已通达东盟的一些国家。

抚古思今，感慨过去钦州是天涯，是困境，是穷途；颂赞如今钦州变通途，变热土，变胜境。今天的钦州，不但成了老百姓安居乐业的"乐土"，还成了中国面向东盟的经济建设平台和"一带一路"西部陆海新通道。

我赞美钦州，天有涯幸福无涯！人在天涯我之幸也！

钦州市人大常委会原副主任
钦州市天涯文化研究会会长　　方　文

目录
CONTENTS

序 一 / 郑 娟 1
序二 钦州何必是天涯 / 方 文 3

浦北文史之旅 / 潘 琦 1
走进大芦村 / 郭运德 6
英雄所见 / 徐贵祥 12
钦州问陶 / 陈建功 20
清溪如许，碧云深处 / 容本镇 26
洞天福地三海岩 / 冯 艺 34
持守这方文脉 / 蒋锦璐 39
乌雷的那一场雨 / 何述强 45
藏灵蕴秀坭兴陶 / 白 描 51
芦花在飞 / 冯艳冰 58
天物 / 徐 剑 62
浦北香蕉 / 朱山坡 67
五皇山之旅 / 琬 琦 71
一枝青梅说越州 / 丘晓兰 76
从江河到大海 / 谢凤芹 80
在钦州做一只幸福的白海豚 / 林 虹 88

羊角惊艳 /	梁晓阳	92
廉说海角 /	吴世林	99
海浪广场前的遐想 /	赖时奎	104
那场月夜的盛宴 /	梁妙玲	109
水经过处皆有情 /	梁 沃	115
天湖之上 /	林巧云	121
遥望远方的"钦州舰" /	方 文	125
烟墩大鼓报春晓 /	梁重懋	130
南国蓬莱 /	陈旭霞	136
人间至味是牛巴 /	刘维波	140
访香翰屏旧居 /	王 访	145
岭南有个宁氏家族 /	谢勇云	152
三娘湾的晚上 /	张廉信	158
古城文脉——天涯亭 /	许兆满	161
一湾盛放梦想的地方 /	张蔓燕	165
一只在海边吹风的猪脚 /	莫景春	170
采茶戏：呼唤生命的乡音 /	邱桂丽	176

浦北文史之旅

潘 琦

越野车进入浦北县，只见山岭逶迤，流水潺潺，又过了一阵，两旁峰峦起伏，满目绿野，嫩紫之色，映日成彩，微风过处，花影袅娜，别有一番景色。

之前，我翻阅过一些关于浦北县的文史资料，脑海里便闪动着关于它的记载：秦始皇三十三年（前214年），秦朝在岭南置桂林郡、象郡、南海郡，今浦北县境属象郡辖地，南朝宋泰始七年（前471年）设越州，以临漳郡为州治，州治所、郡治所在今浦北境内福旺镇古立村境内。至今尚有越州古城遗址，旧州唐城遗址，古立新石器时期山岗遗址，大朗、进诚、奎峰等十多所古老书院……我仿佛看到越州熙熙攘攘的繁华景象、旧州唐城的辉煌灯火，听到古立山岗的长风、书院里传来琅琅的书声。

这些年来，我多次到过浦北，但都没有认真地考察过她的文化。这次好像是欠下悠久的文化传统一笔债似的，而结伴到浦北。

在春意盎然中瞭望浦北，青山环抱，绿树成荫，确实有几分秀气。我们住下来之后，县里领导同志建议我们先去参观一下博物馆，以对浦北的历史有初步了解。

实话说，原先对浦北的历史知之不多，对其博物馆的文物并不以为然，而当我跨进浦北县博物馆，立即被高大的亚洲象化石骨架和犀牛化石骨架所征服，遥想远古时期的深林密布，深潭纵横，气候温和，适合大象、犀牛、巨蟒等动物栖息繁衍。博物馆的同志告诉我们，这些化石是出于乐民镇石山洞穴。2000年6月，乐民镇莫村村民在苗渠石山取石，发现许多坚硬的奇石，随即把情况上报镇

政府。后经文物部门考古发掘，在高出地面 20 米的古老溶洞里，发掘清理出 30 多种动物化石，最令人惊喜的是出了一具完整的亚洲象的头骨、四肢骨、肋骨和脊椎骨化石。这一发现对于研究古动物生活习性、繁殖方式及岭南地质期的地理气候演变，具有重大的价值。

而往后看到的东汉晚期的青铜器，器种有盆、樽、碗、豆、壶、灯、盘等，还有唐乾五年铜钟、南朝铜鼓、南朝黄釉花瓣六系陶罐、龙凤提梁陶壶、唐陶辟邪面像、宋青白瓷魂瓶以及各种玉器、书画、钱币，令我十分震撼。博物馆的同志带着无比自豪的语气告诉我们，目前全馆共有馆藏文物 155 件，其中国家一级文物 2 件，二级文物 30 件，三级文物 63 件。这作为一个县级博物馆是不多见的。细细观摩陈列在展馆里的文物，令人无比振奋，文化自信倍增。啊，中华民族在每个历史时期，都共同铸就了灿烂的历史长河，彰显着中华民族创造力无比强大，创造的成就无比辉煌和中华民族素有文化自信的气度。我们应该为此感到无比自豪，也应该为此感到无比自信。

书院是浦北古代教育兴盛的标志，古代书院数量之多，分布范围广，兴学持续时间之长，居广西各县之首。《浦北县志》记载，清朝中后期是浦北书院建设最兴盛时期，全境建有 16 所书院，遍及许多小镇街道。真可谓书香胜地。

浦北书院，由于诸多原因，毁坏的多，完好的少，建筑都相当精致。目前一部分正在修葺。引起我们注目的是至今保护完好的大朗书院。书院建于光绪二十五年（1899 年），迈进书院正门一幅书写端正的藏头对联映入眼帘"大成声振尼山铎，朗润文方浦水珠"。字意词句对得非常工整，内容十分丰富，把书院的文风朗润形象概括一清二楚。

这所百年书院坐北朝南，建筑格局规整有致，风格古雅简洁。让我印象最深刻的书院里的对联，且多为藏头联。大门走廊石柱上的长联立意高远，含义深刻。上联"大开珊纲，宏收宝物千枝，要培成管乐奇士，兴我国家出力"，下联"朗膜冰壶，澈印道心一片，莫误认陆王宗旨，坠他佛老空谈"。整个书院"大朗"藏头联就有 6 副之多，这些对联彰显出大朗书院深厚的儒家风尚和人们对教育事业的满腔热情，成为广西教育史上的一大亮点，浦北人文历史的一道景观。

浦北有不少保护完好的古村落，我发现这里的古屋完全迥异于桂北一带的建筑。精美的高梲图案，雕刻讲究的屋檐，青砖砌成的墙壁，看到这些，你就觉得它有一种古文化气息的底色。我们考察了距县城不远的余屋古建筑群。据史料记载，余屋村古建筑始建于清康熙四十八年（1709年），至今已有300多年历史。古建筑群坐北朝南，设计十分对称，分为左、右及正座，屋与屋之间走廊相连，天井相隔，约有120间房屋。余屋建筑群是监生余仕嘉之子余德壹、余德恭、余德信、余德敏考取功名发迹后始建的。后续建设历时30多年形成如此规模。

余屋布局合理，雄伟壮观，高雅堂皇，彰显出多种岭南建筑工艺特色。每座房屋大门设置有横栊、直栊、板门三道防盗设施，门椎场用花岗岩石，石门墩刻有纹饰。室内雕梁画栋，墙上刻有龙凤、花鸟鱼草、画图及浮雕壁画。最显特色的是山墙头构造，山墙头都高出屋面，塑起伏游龙状，两边对称，呈圆弧形，极像铁锅两头的锅耳，取名"镬耳楼"。其形似古代官帽，有官运亨通之吉意，功名越多越大，山墙的镬耳相应的越多越大。古代科举文化，崇教文化在这里的古建筑中充分体现出来。我惊叹文化的顽强生命力，也许这就是浦北古迹文化最能打动我的地方！

中国历史上曾经出现过两个越州：一个位于广西浦北；一个位于浙江绍兴。它们的历史都十分悠久且同时期并存，但史料中多记载江南的"越州"，固对位于岭南的"越州"鲜为人知。多少年来，我潜心研究桂学，都没有顾及探寻岭南的"越州"文化，我带着多少有些自责和含混的心绪，去目睹岭南古老的"越州"，寻找回我的文化自觉与文化自信。

如今的"越州"古迹已被历史的尘埃荡涤无存，但当我站在越州古城遗址上时，仿佛已经触摸到远古的沧桑，感受到停滞的时间，被脚下这凝固的历史激动得热血沸腾。

越州古城遗址位于浦北石埇镇坡子坪的仰天窝，又名青牛城。据《宋书》《南齐书》《中国历史地图集》等记载，泰始七年，朝廷置越州，辖临漳郡、合浦郡、宋寿郡等六郡。元徽二年，陈伯绍被任命为越州刺史，督交、越二州军事，筑治所于青牛城。到南齐中叶，越州达鼎盛期，辖区增加到20个郡，50多个县，东到今广东茂名市电白区，南到雷州半岛，西到钦州市，北到玉林市容县。南朝施行州、郡、县三级行政建制，越州与广州、交州并列，为一个军事和行政单位，是当时中国南方军事、政治、经济、文化的中心之一。隋朝大业元年（公元605年），越州改为禄州，大业三年（公元607年）禄州和合州（在今雷

州半岛）合并，称合州。同年，合州改为合浦郡。越州古城置于南朝末，衰落于隋朝中叶。

经考古专家对越州古城的考古挖掘，越州古城遗址轮廓已清晰可见，呈长方回字形，占地面积24多万平方米，设内、外城。墙体用红色泥土与粗沙混合夯实，设东、西、南、北四门。外城墙依山而筑，四周修有护城河围绕。内城建在城两面的一座山岗上，可俯视全城，并有墙与外城相隔，北面有壕沟险阻，是一个既安全又能控制全城的制高点。城内有官府、官邸、军营、练兵场、商贸市场、街道民居。从目前已出土的铁剑、简瓦、板瓦、兽面瓦当、青黄釉瓷碗残片等一批文物，清理墓葬出土的黄釉花瓣六系陶罐、黄釉龙凤提梁陶壶、陶灯、铜酒壶等一大批器皿，可以遥想出当时越州城的威武、雄伟、繁华、富庶的景象。也为我们研究南北朝时期岭南的社会、经济、文化提供珍贵的实物佐证。

浦北之行由于时间关系，可谓走马观花，且还有许多古迹遗址、文物珍宝、祠堂古桥、古村旧居没有看到，心中多少有些遗憾。但不虚此行，让我大开眼界，让我对浦北产生了一种特殊的感情，一种强烈的文化震撼，一种特别的期待。

也许由于多年从事文化研究的缘故，我常常喜欢从文化层面去思考问题。所以当我想起习近平总书记关于传承弘扬中华民族传统文化"要让收藏在博物馆里的文物，陈列在大地上的遗产，书写在古籍里的文字都活起来"时，久久地沉思。总书记的话高瞻远瞩，深刻透彻。是啊！中华民族有数千年的历史积淀，我们可以找到有关任何观念和方式的史料、文物、遗址来证明这样那样的文化存在。但我们不能再像过去那样将传统完全理解为一种凝固的对象，是一种单纯的已逝之物，而是将传统理解为一种可以在传承中延伸的事物，一种活的势能，一种能为现代再生利用的珍宝！中华传统文化从古代到现代，从现代至当代，一直贯穿于我们目前与将来的生活之中，以至于我们可以在任何一个当下寻觅到它的生动的影迹，及它对社会、经济、文化发展带来的意义。

浦北，如今已成为北部湾地区一个小有名气的文化旅游景区，从城镇建设到新农村建设，处处呈现出一派繁忙气氛，她正以一种特有的古文化的魅力吸引着四面八方游客。现在浦北这片古老神奇的土地上，我想到的是，我们今天更重要的任务或许还是充分发挥浦北的人文优势，如何在精神上、思想上接应传统，并通过传统争取到更多的精神与思想上的资源，融到我们社会、经济、文化建设事业中去。这将是取之不尽用之不竭的精神和思想的动力！阳光每天都是灿烂的，但我们希望它所提供给人们的热量将是恒久不变的。

浦北，明天必将更加绚丽多彩，壮美无比！

潘琦，广西罗城人，仫佬族，1973年6月加入中国共产党，中南民族学院政治系政治专业毕业，大学学历，研究员。中国书法家协会会员、中国作家协会会员。曾任广西壮族自治区文联主席、中国文联第八届全国委员会委员、中国作协第七届全国委员会委员。历任自治区党委常委、宣传部长，自治区党委副书记，自治区人大常委会副主任、党组副书记。

走进大芦村

郭运德

把一个带有还愿意味的钦州行,变成一次大芦村深度游,委实有些偶然。

1990年,来广西参加李英敏作品研讨会,乘车从南宁去合浦的途中路过钦州,沿途为钦州山海相连的独特风光所吸引,间歇时吃了顿活蹦乱跳的海鲜便饭又匆忙赶路,愈益加剧了未能深入领略钦州盛景的遗憾,表示一定再来。

让这个意愿落地一晃用了近20年。机会来自2019年9月参加北海文学艺术周活动,其间钦州文联拟邀请几位作家采风,本人二话没说,欣然应约。恰好当

大芦村貌 （李中瑞画）

日有同事打电话谈工作，知我要去钦州，立刻劝我必去大芦村。理由是，那里有保存完好、气象不凡的明清古村落，有别具一格的内容固定且每年更新的数百幅楹联，可谓是天下一绝。听后当然心有所动，寻思采风日程里定会安排。

然而，由于临近国庆，同行者多有其他重要事务，行程安排十分紧凑。采风活动仅参观了冯子材、刘永福故居纪念馆，游览了三娘湾和坭兴陶实训基地，与当地作家开展了一次座谈交流便告结束。尽管行色匆匆，钦州依然在大家心目中留下了极为深刻的印象。这里不仅山清水秀、风光优美，而且人文荟萃、历史文化积淀雄厚，尤其是镇南关大捷彻底改写了中国近代反侵略战争屡战屡败的历史，成为唯一一次没有签署丧权辱国条约的战争，仅凭这点，就足以让钦州这个不乏英雄气的城市名垂青史。尽管时间短促略有未尽兴之憾，但总算了却了一个20年的未了心愿。

不曾想，本应结束的钦州行却意外地画了个分号，转机缘于原市人大常委会方副主任的热心相助。他知我对大芦村感兴趣，立刻邀我单独行动，让大芦村之旅变成了我钦州行程的一个额外收获。

大芦村位于灵山县佛子镇，距钦州120公里。大芦村因芦苇丛生而得名，可见当初是个荒茅之地。全村有15个杂姓人家共处，劳姓居多。所谓大芦村古民居，主要是指劳氏家族的明清旧居。

是日，阳光明媚，气候宜人，我们从钦州市区驱车约两小时抵达大芦村。进村伊始，首先映入眼帘的是一潭清水，导游唤作月亮湖，湖的沿边植有一排粗壮茂盛的荔枝古树，树枝映于水中，池塘波光涟漪，树影婆娑，显衬出几分幽雅静谧。从池塘南端绕左侧入村，村头赫然矗立着数棵可由二三人围抱的古老樟树，蜡杆虬枝，犹若华盖，即便骄阳当空，也不见几束阳光透来。其中一棵由于年代久远、枝头负重发生倾斜，相撑于旁边樟树硕壮的枝杈上；还有一棵被称为树王者，地上垒有祭祀用的石台，透露了它在村民心中的特殊地位。

与池塘北侧正对的，就是大芦古村落中最著名的镬耳楼（又名四美堂），系劳氏祖屋的入户门楼。门楼两侧有一幅以斗笔书写的十分醒目的楹联："武阳世泽，江左家风"。意在开宗明义，追根溯源，向族人也向世人宣告劳氏的来世今生。据悉，大芦村劳氏先祖源自山东即墨劳山，故取劳作姓；南北朝时移居山东松江武阳，故有江左之说。此后的漫长岁月，劳氏一族由北向南一路迁徙数省。宋末元初，为躲避战祸辗转至南雄及灵山一带，其中一脉于明嘉靖年间落户大芦村，至今凡400余年。劳氏家族承袭山东人吃苦耐劳之民风，坚守耕读持家，不断创置田产，家道日渐殷实，一度成为闻名遐迩的名门望族。到清代中后期，有乡间传言，说大芦劳氏从家门走到广西横州百合镇约一天的路程，脚下踩不到外姓人的一寸土地。

镬耳楼由大芦劳氏一世祖劳经于明嘉靖年间初建。到第四代，劳家出了个京官劳弦，曾任兵部职方司主政，官拜三品，得以敕授儒林郎并请准朝廷封赠三代祖先，开启了劳氏官宦世家的功名先河。劳弦将祖屋前门楼的封火墙建成铁镬把手状，镬耳楼由此得名。镬耳楼经劳氏五代人前后用170余年接力建造，是一个布局完整、规制严谨、具有鲜明岭南豪宅建筑风格的民居院落。整个堂院由前门楼、主屋、辅屋、斗底屋、廊房和围墙构成，二五纵深布局，抵封建社会民居规制的上限；主辅相对、以廊分割的结构，把长幼尊卑、男女起居都做出严格分界，留有那个时代的鲜明烙印。十分难得的是，劳氏先祖有非常科学的建筑理念，宅基地选择山坡而非良田，因势造型，房屋依山顺溪而建，房前田垌挖泥留塘，取土造屋，沿山坡由低向高逐级建构。并列五进的四合院层次分明，每一进前庭台阶按进制顺序由一阶至五阶清晰标记，每进四合院都有天井，保留相对独立的活动空间，前后院以侧门和回廊相互贯通，进而共同构成一个错落有致、庄重森严的整体。南方潮湿多雨，这样的建筑既保持了良好的采光通风效果，又形成了天然的排水便利。为了减少暴雨对门前地基的冲刷，房屋建筑时专门在屋檐部位设有导雨沟槽，沟槽与室内两侧刻意砌成的两个空心廊柱相通，雨水沿空心柱顺流而下注入屋角的下水道。雨水包括家用废水由高向低，最后流进大门前的月亮湖。门前取土形成泥塘的优势此时立马凸显出来，我看至少有四：一是就地取材用于建房；二是易于排水贮水；三是便于取水防火；四是构成整个院落的景致与风水，恰好暗应了那名俗语：水向低处流，人往高处走。这种源于民间朴素智慧的不同凡响处，确乎令人叹为观止。

出镬耳楼向北是一处小巧别致的劳家花园，围墙外有七棵苍翠挺拔的古桂树，为劳氏五代劳宏道所植。相传大芦劳氏四代单传，为此专门请高人指点，认为住宅背后空旷无靠，于是按北斗七星状种下七棵桂树，与门前月亮湖构成"七星伴月"之景，果然应验生下第二个儿子。尝到甜头的劳宏道又在村头种下樟树，取桂与笔、樟与章的谐音之义，取池边荔枝红果满挂的喜庆，寓意"笔墨文章，红顶当头"，用以寄托并祈盼家族的兴旺发达。

改变了血脉单传的劳宏道开始扩建祖屋，在大芦劳氏开基200年之际，与老宅并列建起同等规模二五布局的老二房。对应老宅四美堂号，取达德、达才、达智之义起名为三达堂。因规制统一、建筑时间较短，新院比老宅更加气派。并列的双院均系土木结构，虽然历数百年风雨侵蚀，室外飞檐瓦脊、石雕柱础、室内墙壁装饰、门楣窗棂、木雕石刻等早已显得沧桑斑驳，但历史的印痕和岁月的包浆都依然难掩昔日的辉煌，灰砖青瓦、庐舍勾连、参差成片的古宅群落，仍旧显示着不减当年的恢宏气势。

大芦劳氏数百年生息繁衍，族群及基业日益庞大，后代子孙不断另寻宅基建房，除老宅之外，还建有东园别墅、双庆堂、东明堂、蟠龙堂、陈卓园、富春园、克中公祠等共十处宅院，且都大致沿袭了祖屋的规制和习俗。十处院落占地22万平方米，保护面积达45万平方米，共同构成规模宏大全国少见的宗姓氏族民居古建群落，也勾勒出劳氏家族特有的民俗文化景观。新世纪以来，大芦村先后获得中国历史文化名村、全国重点文物保护单位和国家级AAAA旅游景区等称号，表明了政府与游客对这个古建群落的充分认可。

大芦劳氏能接续兴旺数百年，离不开祖上善足先开、谋能裕后的功德，当然也有后辈不怠不忘、遵规守成的努力，更与劳氏一族耕读传家、资富能训的家风密不可分。劳氏祖屋专门设有上书房与下书房，东园直养斋首开家塾先例，劳克中公祠建有家族书院，所有府弟皆有专供生员和子弟读书的场所；像"艺苑先覩""健翮凌云""书田种粟、心地栽兰""东壁列图书，任人教子教孙，善教家齐终有庆；园庭攻翰墨，当勉成仁成义，名成身立自流芳"之类的匾额、对联随处可见，均是劳氏崇文重教的实际例证。据介绍，从明末到清末的340年间，劳氏男丁不足800人，却输送出县、府儒学和国子监文武生员112人，出仕做官的47人，获朝廷封典的81人。是故，劳氏祖宅二进设有官厅，各类科名匾、诰封匾和贺匾十余块赫然悬挂在四美堂、三达堂和东园各进的门楣上，它们无言诉说着劳氏辉煌的过往。尽管劳氏一门并未出过什么达官显要，这在当年地处岭南偏僻一隅的山乡，作为一方乡贤富绅已足以格外光宗耀祖了。

崇文重教传统延续今日，族群依然备有浓厚的攻读习俗，据村民告知，目前全村总共2000多人的劳氏家族，每年都能有30个左右的应届生考入各类大学，占比不谓不高。

当然，古民居最能彰显劳氏文化底蕴的，还属张贴悬挂于十处宅院各进门楼及中堂两侧的那300余幅楹联了。这批楹联多为劳氏族人所撰，除一些世面常见的有关婚嫁寿祝、除旧迎新的条幅外，大都带有十分鲜明的劳氏色彩。比如以敬祖为旨的，像"宗六世衍四支本源上溯劳山绪，面重离位习坎霜露萦怀淑水恩""临活水镜陂塘一派清源绵祖泽，倚苍松环翠柏千年老干长孙枝""倚西北为鸿模北阙殊恩沾世德，挹南东之秀气东兰旧址发书香"之类；以报国为旨的，像"克尽兴邦责，忠全爱国心""文章报国、孝悌传家""东壁书有典有则，园庭诲是训是行"之类；以持家为旨的，像"绳其祖武唯有耕读，贻厥孙谋在俭勤""知稼穑之艰难克勤克俭，守高曾其规矩不愆不忘""创业本为难念先人沐雨栉风当日几经况瘁，守成犹不易望你辈粗粮淡食同戒勿爱奢华""祖有德宗有功惟烈惟光永保衣冠联后裔，左为昭右为穆以飨以祀长承俎豆振前徽"之类；以修身为旨的，像"神之格思无远弗届，道则高矣有鉴在兹""惜食惜衣不但惜财兼惜福，求名求利须知求己胜求人"之类；还有一些言志抒怀的，像"涵养功深心似镜，揣摩历久笔生花""淑气自迎人兰室生香盈岁月，卿云方入户槐庭祥瑞起图书""春亦多情鸟向枝头催逸兴，人其得意梅花窗外放诗怀"；等等。这些楹联修辞娴熟、格律工整，具有浓郁的装点书香门第、展露乡风民俗、抒写家训才情的族裔文化特色。每逢年节和喜事庆典，后人都会在固有位置上用红纸浓墨将原楹联重新书写张贴，以重温先祖教诲，传续宗族文脉，数百年从未间断，已演化为家族特有的风俗习惯，形成当地弥足珍贵的非物质文化遗产。20世纪末，广西民协授予其"广西楹联第一村"的荣誉，可谓是实至名归，当之无愧。

在游览包括离开大芦村后的很长一段时间，笔者大脑里一直萦绕着一个问题：在子孙不断繁衍分居的情况下，一幢老宅为何能躲过无数次天灾人祸，原样不动完好保存400年？何以进一步延续到将所有祖屋都能一概维护留存？其中可能找到区位环境、经济条件、分配方式等诸多客观因素，但最重要的原因，或许在于劳氏家族的集体荣誉感以及族群内部的规范约束力。如果没有强大的内在动力，即便能逃过当年的战乱，也难逃"文革"的破坏。因为那么多封建规制以及朝廷和封建士大夫颁赠的匾额，如果不是大胆且刻意的保护，不可能躲过大破"四旧"的浩劫。过去我们一直批判宗法制度，岂不知这种制度固有极其保守落后的一面，但它在通过宗族势力对于维系社会结构的超稳定、它所形成的宗法礼俗对于规范社会道德风尚等方面起到的作用，却不容小觑。劳氏家族对祖宗遗产自觉的保护意识，无论是面对曾经的改朝换代和社会动乱，还是面对今天到处可见的大拆大建，尤其在传统村落正逐渐衰落甚至消失的当下，无疑都具有十分积极的文化价值和历史意味。

与大芦古村何以留存的思考紧密相关,同样也伴有一些对历史遗存如何赓续保护的丝丝隐忧。比如,将老宅腾空用于展示,原有的家饰和家具所剩无几,是不是让人觉得民居少了些烟火气?别具特色楹联用标准的印刷体雕刻在各式现代材料上,能否与古建氛围相搭,是否少了些应有的文化气息?十处古民居群落分布在村庄不同的位置,如何才能更好地发挥整体效应?特别是伴随着新农村建设的进展,古民居周边如何避免多层居民楼的兴建?管理部门有没有完备的控规谋划?对此,笔者心中不免怀有几分忐忑,唯愿这不是杞人忧天。

郭运德,山东济宁人氏。笔名云德、德耘、仲言等,文学博士,二级研究员。先后任中宣部文艺局副局长、政研室副主任,《人民日报》文艺部主任,天津文化广播影视局局长,中国文学艺术界联合会党组成员、书记处书记、副主席。系中国作家协会、中国电影家协会、中国电视家协会会员,中国评论家协会副主席,中国马克思主义理论工程文学理论专家组成员,享受国务院专家特殊津贴。长期从事文化研究、新闻编辑及文化管理工作。曾出版过《期待的视野》《文化的视点》《审美的视角》《直面文坛》《守望精神》《全球化语境中的文化选择》《新时期文艺思潮概览》《受众视野中的文化多样性》(合著)、《云德评论文选》(6卷)等著作,获得过十多个国家级文化与新闻奖项。

英雄所见

徐贵祥

一

钦州地面走了一遭,记住了几个人。

上午从北海出发,驱车两小时余,在一路边店草草午餐毕,下午进入钦州市区,第一站就被带到冯子材纪念馆,一副尚且清晰的巨幅黑白照片很快锁定了我的

冯子材　　　　（王廖科画）

目光——一个装扮怪异的老者，挺着笔直的腰板，两只手在身后擎着一柄大刀，眉眼肃穆，目光深邃，透出一股逼人的寒气。照片下方文字记载，此照摄于1885年，冯子材领命抗法。这一年，老将军68岁。在另外一些照片中，我们陆续了解到，冯子材是带着棺材上战场的，还有他的两个儿子，都在抗法一线。

太让我们震撼了。这是什么境界，这是什么胸怀，这是什么精神？我们熟悉很多英雄，但是一个68岁带着棺材和儿子上战场的、决心以高龄身躯同外敌拼杀的英雄，我们还是第一次见到。

紧接着，活动组织者又带领我们前往"三宣堂"，让我们见识了钦州的另一位清朝援越抗法的英雄——刘永福，黑旗军首领。这个名字我曾经在中学历史课上见到过，没想到几十年后找到了英雄的故乡。就是冯子材和刘永福这两个钦州人，两个同样出身草根，初始为敌，继而化敌为友，最终携手在反侵略战场上，创造了中国抵御外侮最扬眉吐气的战争胜利。现代戏剧家田汉评价有言：近百年来多痛史，论人应不失刘冯。

从钦州返回之后，我的心情久久不能平静。想象着一百多年前的两位钦州人，心头不断地涌上各种问题。英雄为什么是英雄？英雄比我们寻常的人到底多了什么？英雄和英雄之间是个什么关系？

带着这些疑问，我向钦州作家谢凤芹要来了几本书，其中有她创作的《国柱冯子材》《虎将刘永福》，还有方文主编、阮成武和谢凤芹担任副主编的《话说老钦州》，我从字里行间寻觅英雄成长的足迹，洞悉英雄的内心世界，似乎明白了许多道理。

我记住的第三个钦州人，应该是书写钦州英雄的谢凤芹。

到目前为止，我不知道谢凤芹的学历，不知道她的创作经历，不知道她的生活状况，她的一句话让我怦然心动："感觉不能让历史湮灭于尘埃，有一种自不量力的使命感。"

沏一杯清茶，燃一支香烟，坐下来看书。随着谢凤芹勾勒的路线，在两路英雄的夹道欢迎中，走进了历史的深处。

一百年前的中国是个什么状况？1854年，维多利亚主教在一篇文章里这样描述："照我们看来……中国在道德、社会和政治上的情况，几乎毫无希望地濒于险恶之境……政府腐败、学者萎靡不振，上流社会卑鄙而懦弱，下层阶级则忙于生存斗争，整个民族似乎都被缚住了手足。他们的道德力量陷于瘫痪，他们的智力才能陷于萎缩，他们的自由权利在专制淫威和荒淫无耻的势力之下被摧毁殆

尽。政治上的腐朽暴虐，加以吸食鸦片的流毒，磨灭了中国人的民族精神，使他们变成了无能的种族……"每次看到这段文字，我的心里就涌起一阵难以名状的滋味。我没有考证这个主教这样讲的依据是什么，但是结合两次鸦片战争的结局，我们似乎又找不出驳斥这种说法的有力论据。晚清社会，政治腐败，民不聊生，一盘散沙的状况，是尽人皆知的。主教还有一句话，"要寻找能够担起这种任务的有效力量，却又让人感到茫然和沮丧。"我是无论如何不能同意这种绝望态度的。是的，当时的中国，确实一片黑暗，我们可以茫然和沮丧，但是不能绝望，不能就此沉沦，任人宰割。中国有着深厚的英雄文化，家国天下的情怀不仅活跃在知识分子的血液里，也渗透在普通百姓的心中。

不在沉默中死亡，便在沉默中爆发。当绝望将中国人逼到死角，英雄就会挺身而出。后来发生的戊戌变法、辛亥革命、共产主义运动，都一再表明，中国人不会永远茫然和沮丧。事实上，即便是在茫茫长夜之中，中国人也从来没有放弃寻求希望的光芒，并最终取得了胜利。

在千万个黑暗中摸索成长起来的民族英雄当中，冯子材和刘永福是十分具有典型意义的两位。

二

冯子材出身贫苦，苦不堪言，幼年即失去了父母，寄人篱下，受人点滴之恩，习武行侠，开设镖局，然后应征入伍，走上了正统的从军道路，一路建功立业，前半生为朝廷扫荡"匪患"，镇压农民起义，走的是顺风顺水的路线。这个"顺"，既可以看成是顺利的顺，也可以理解为顺民、顺从的顺。一句话说到底，冯子材对于当时的政治，并没有彻底绝望，他大约是希望通过改良政治来改变国家状况。

同样出身贫寒的刘永福，走的却是另一条路线，少年落草为寇，然后是天地会、太平军，最后在越南扯起了黑旗军的旗帜，一条叛道走了几十年。同冯子材一样，刘永福的心里也揣着"自不量力的使命感"，然而，他对于晚清政治彻底不信任了，当然他也不可能被那个腐败昏聩的政权接受，从而使他和他的战友们建立了另一种自信：帝王将相宁有种乎，不行了就推倒重来。

一个"顺"，一个"叛"，水火不容，这就决定了这两个人是见面就要厮杀、你死我活的天敌。真实的情况是什么呢？要感谢谢凤芹的一双慧眼，她在浩如烟海的史料中细细梳理,从无数次对垒拼杀的背后洞悉英雄的精神世界,从残酷的血雨腥风中体察这两个铁血人物心中最柔弱的一面。

书里有一段叙述,引起我的注意,当年同冯子材一起创立镖局"十人社"的兄弟黄锦泗,后来投奔了太平军。在一次战斗中,官军军官冯子材同太平军头目黄锦泗狭路相逢,两个人阵前对骂,单打独斗,长矛大刀数次直抵对方致命处,二人却均未真的下手,只是含泪割袍,分道扬镳。读到这里我们不禁要问,为什么,生死与共的患难兄弟,要反目成仇?反目成仇之后为什么又没有情断义绝?这是中国战争文化的一道独特风景,是人性深处的一缕绚丽的光芒。这道常常稍纵即逝的光芒被谢凤芹捕捉到了,在冯子材和刘永福对阵作战、并肩作战和几支军队无数次内战、外战中,常常若隐若现。这大约是谢凤芹书写英雄的一个重要特点,洞悉英雄精神世界的明与暗,重视英雄交往的爱恨情仇。

随着太平天国运动的失败,冯子材班师回到广东,并于这年任广西提督,前程蒸蒸日上。与之相反,刘永福则进入人生最灰暗的时期,东奔西逃,四海为家。但是,正所谓时势造英雄,战争形势把刘永福逼到了绝境,同时,在绝境中

刘永福 (王廖科画)

生存下来的生命更加顽强。经过10年征战，刘永福已经成为广西最大一支农民军的第三首领，并组建了自己的嫡系部队黑旗军。

冯子材到了广西，面临的第一个任务就是围剿农民军，最强硬的敌人就是刘永福。也许从一开始，冯子材就没有把刘永福当作死敌，也许在他的心中有一个声音，告诉他，他不应该把刘永福作为死敌。也许，前方有一道隐约的光线引领着他，让他不惜冒着生命危险化装成伙夫潜入刘永福军中，试图凭借三寸不烂之舌说服刘永福归顺，试图用招安的方式迫使刘永福"归顺"。没想到的是，刘永福态度强硬，绝不妥协，站在被压迫阶级的立场，义正词严驳斥了冯子材，倒背如流太平天国檄文回击冯子材。只是，刘永福并没有借机杀掉冯子材，而是以"两军交战不斩来使"的名义让他赶快滚蛋。

正是这次会面，让冯子材对刘永福刮目相看，冯子材不仅欣赏刘永福的军事才干，同时也对其行侠仗义和忧国忧民的情怀高看一眼。虽然各为其主，但是人格的魅力还是照亮了彼此。

当冯子材发起第一波攻击，同刘永福所在的吴亚终部正面交锋时，并没有占到什么便宜。接着，冯子材调兵遣将，派出自己最得力的干将一边进攻，一边封官许愿分化农民军。尽管吴亚终的队伍最终作鸟兽散，尽管刘永福最终无力回天，尽管冯子材以后还多次游说，但刘永福反抗清朝之心并没有动摇。为了保存有生力量，再战清廷，刘永福率黑旗军突破冯子材布下的天罗地网，胜利进入越南。

冯子材紧追不放，从同治八年开始，曾经三次率清军入越帮助越南剿匪，他每次入越都念念不忘刘永福，找了各种借口和机会接触刘永福，一边打，一边呼唤。

或许正是因为这种英雄相惜的情怀，使得冯子材和刘永福有了心灵的默契，打打杀杀几十年，刘永福没有被冯子材剿灭，还曾经帮助冯子材除掉了同法寇勾结的汉奸黄崇英。

数年后，冯子材则因为官场腐败，几经沉浮，最终辞职。已经失去官职的冯子材同仍然占山为王的刘永福终于拉近了距离，并且结为儿女亲家。

三

故事并没有结束。

1882年，法军在全面占领越南南方后，向北方进军，企图以越南北方为跳板，进攻中国。而在此之前，刘永福率领的中国民间武装，在罗池与法军一战，击杀司令官安邺。一方面，是朝廷给了刘永福政策；另一方面，也是国家利益召唤，刘永福终于接受改编，率部抗战，在纸桥以诱敌之计杀了法军海军分舰队司令李威利和他所率的大部分法军，接着又在左育给法军重创，并在法军必经之路大草摊火烧增援法军。

在民族战争中，刘永福似乎比冯子材更为激进。当然，仅以刘永福的力量，同法军抗衡，未免势单力薄。情急之下，清廷重新启用冯子材，令其在钦州急招募5000兵勇到广西边关抗敌。

在冯子材纪念馆，我看到了这样一段精彩的文字，在朝廷决定启用冯子材的时候，李鸿章嘲笑冯子材"四不能战"——一、人老体衰，力不从心，不能战；二、腹中无墨，胸无韬略，不能战；三、兵械简陋，杀伤力弱，不能战；四、新募兵嫩，训练无就，不能战。冯子材不甘示弱，致函力挺他的两广总督张之洞和兵部尚书彭玉麟，慷慨激昂地表态"四能战"——一、人老节坚，久经沙场，能战；二、胸存正义，腹有远谋，能战；三、赤胆忠心，保土安民，能战；四、众志成城，牛犊驱虎，能战。这个"答词"并不十分精彩，还有点牵强附会，却让我们看到了一个爱国老将的拳拳之心。

历史之手，再次将冯子材和刘永福这两位出身不同、经历不同的钦州籍英雄推到同一个战场上。不过，这一次不是围剿与反围剿，而是并肩携手，一致对外。或许，这才是两位英雄内心一直期许的战争，这才是让他们看见了光明和希望的战争，这才是他们发自肺腑可以以命相许的战争。正是爱国情怀，使他们消除了所有的隔阂、化解了所有的个人恩怨、神清气爽地走向了反侵略战争，并联手取得了反侵略战争史上最激动人心的胜利。

1885年3月，68岁的冯子材带着棺材和两个儿子，抵达前线。在经过周密勘察后，决定在镇南关关前隘预设战场，将东西大小青山岭和凤凰山连成一线，在此伏击法军。

在镇南关战役中，冯子材的三儿子冯相荣、五儿子冯相华均担任中军管带，统率的部队，作为第一梯队冲入法军阵营。冯氏父子身先士卒，对部队鼓舞很大，众志成城，先是以攻为守，然后反守为攻。战斗最激烈的时刻，冯子材挥舞倭刀，跳出战壕，率部潮水般涌向法军。战斗前一阶段，法军被击溃，死伤1700多人，总司令仓皇逃跑，又被击伤。冯部乘胜追击，直下十多座法军基地，取得了震惊中外的镇南关—谅山大捷。

与此同时，为了配合镇南关战役，刘永福在另一个战场上攻打临洮之敌，歼敌2000多人，连续收复广威府、不拔县等地，偷袭宣光法军，使法军指挥官的神经高度紧张，风声鹤唳。冯子材接到刘永福派人送来的捷报，非常振奋，大呼，好汉刘永福！从水火不容的宿敌，到生死之交的盟友，这二人走过了漫长的道路，也经历了太多的曲折。最终，是国家利益驱散了笼罩在他们头上的迷雾，使彼此看清了对方的英雄本色。

顺便说一句，冯子材的三儿子冯相荣还做过一件了不起的事情。以后战争结束了，中法划界时，冯相荣奉冯子材之命率兵奔赴防城（今防城港）海面，赶跑了在该海域测绘的法舰，又出兵中越边境牛头山，抢占了这块飞地，为中法划界争取了主动。

战后，在广西没人肯接受刘永福的情况下，冯子材主动邀请刘永福到钦州任职，称为二虎把水，共同守护北部湾，只是因为张之洞爱才，在广东南澳给刘永福安排了总兵之职，刘永福这才到广东任职。直到再晚一些时候，二人同回钦州定居。我在参观冯子材纪念馆和刘永福三宣堂的时候，脑子里浮现的是邯郸的回车巷。想象两位民族英雄同居一城的晚年生活，一定充满戏剧色彩。尽管这二人之间还有戒备、猜疑和明争暗斗，但是，他们之间的战争从此结束了，因为他们不再是敌人。

四

冯子材和刘永福的故事固然让我感慨，同时，我也为当代一位普通作家的劳动而欣慰。她的感觉也是我的感觉——"不能让历史湮灭于尘埃"，她的使命感也是我的使命感——尽管我们一样，都是自不量力。可是，我们不能一味地"迷茫和沮丧"，我们必须在这"迷茫和沮丧"之后，找到我们大有作为的地方。

谢凤芹笔下的英雄，是活生生的，是近距离的。这不仅得益于深厚的文学功底、无微不至的观察能力和结构的引人入胜，更得益于对于历史资料的深刻洞见和精准的把握。据我所知，谢凤芹并没有从军的经历，也不是历史学家，但是，她对于历史语境的把握和军事文化的运用，却是十分自如的。她的作品，不仅是人物传记，也不仅是纪实文学，还是一部历史和军事的知识读物，比如，关于军队的组成、清代兵役制度、冷兵器时期军队的训练，乃至战略战术，作品都有涉猎，往往令人耳目一新。从这个意义上讲，我认为谢凤芹是非常适合军事文学创作的。

所谓英雄，就是那些能够带领我们走出困境、走向胜利、走向光明的人。还有一类英雄，就是那些明知自不量力、明知微不足道，但是仍然义无反顾继续努力的人。英雄有大英雄，也有小英雄，有彪炳史册的英雄，也有默默无闻的英雄。事实上，只要我们有一颗英雄的心，有英雄理想，有英雄追求，其实我们每个人都是英雄。给我们一片施展理想的天地，我们就是英雄，包括谢凤芹和许多的谢凤芹们。

徐贵祥，安徽六安人，1959年12月出生，中国作家协会副主席，中国作家协会军事文学委员会主任，全国政协第十二届委员，享受国务院政府特殊津贴。1978年12月参军，曾任解放军出版社总编室主任、解放军艺术学院文学系主任等职，大校军衔。著有中篇小说《弹道无痕》等，长篇小说《仰角》《历史的天空》等。获第7、9、11届全军文艺奖；第4、9、11届五个一工程奖；第3届人民文学奖；第6届茅盾文学奖。

钦州问陶

陈建功

钦州滋味最早是从童谣里尝到的。那时才四五岁,知道钦州和我家所在的北海相邻。还知道"冯子材,镇南关""刘永福,守台湾"。当然,从祖母的吟唱里,我还知道"钦州湾,大江平,几多船,走又停",知道了钦州的"鸽子粥"和"猪脚粉"……许多歌谣已经被抛在童年时代了,只有一件事记得清晰——未满8岁时,被祖母牵着,跟在父亲的身后,坐一辆"大鼻子"汽车往南宁去,准备换乘火车去北京。路过一道缓缓流动的"大江",被告知这就是钦州了。那

坭兴陶制作 （王廖科画）

时还没有跨江大桥，我们是站在"大鼻子"汽车的两侧，坐着轮渡过江的。那时候似乎也忘记了纠缠吃钦州的鸽子粥和猪脚粉。直到过了一个甲子之后，和钦州作家沈祖连一道，坐在钦州街头的大排档里，品鸽子粥，吃猪脚粉，才想起60多年前，听祖母的歌谣里唱过的。忽想，若是在七八岁时真的吃了钦州的鸽子粥和猪脚粉，能吃出年届古稀时的滋味吗？当年是被牵着手赶路的懵懂，而如今是坐定品咂的从容。同是钦州的一种粥，熬上一个甲子再来品味，真真用得上那句：岂可同日而言之哉？

何况，我对钦州所知，早不止于粥和粉了。

比如坭兴陶。

最早和我讲起坭兴陶的人，是北海的坭兴陶收藏家许维基。初听还听成"宜兴陶"了，便问"是不是宜兴？那不是在江苏么？"后来才知道，此陶与彼陶相距数千里之遥，窑口就在和北海相邻的钦州。

坭兴陶的话题，由参观位于北海中山东路上的"大清邮政所"旧址而起。我参观时发现展览图片上展示一对精美的陶瓶。讲解人说，这是当年大清邮政所（时已更名为北海一等邮局）的"同寅"赠给"局长山拿"的结婚礼物。"山拿"系当时主政邮局的西人名字的音译。这对花瓶在北海乃至中国邮政史上的价值是毋庸置疑的。令我吃惊的是，如此精美的陶瓶，竟是在离北海不远的钦州定制。更令我吃惊的是，此物原件，居然就藏在我的"表叔"许维基处。

许维基其实和我年龄相仿，由乡亲与世谊而论辈分，我得叫他"表叔"。尽管平日里"维基维基"地叫着，实际上是差着辈儿呢。维基是北海有名的收藏家。尤以坭兴陶收藏为著名。我敬畏他倒不是因为辈分，而是他作为一个收藏家的学问和敏锐。就拿这一对坭兴陶花瓶来说，据说是他在香港某位藏家手中发现的：一是发现了它在中国邮政史上的价值；二是惊艳它出自清末民初钦州坭兴陶制作名家潘彩香的手笔，便出高价而购回。听大清邮政所旧址的讲解员道出"山拿瓶"的来历，岂能不兴致勃勃地求见"表叔"，一睹为快？

许维基先生家客厅的四壁，皆以玻璃橱柜环绕。橱柜里琳琅展示的，果然都是坭兴陶。坭兴陶质地细密，圆润拙朴，莹莹如泛金石之光，沉沉似藏汉唐之韵。维基自述，四十几年前在广州一位亲戚家中得见坭兴陶花瓶，一见倾心，自此每遇佳品，总是汲汲以求，不曾懈怠，至今已收藏坭兴陶百年之珍品千余件。维基先生的珍藏里，有蕴含着重大历史信息的器物，如与近代邮政史相关、与同盟会有关、与抵制日货救亡图存有关的纪念"花樽"，也有展示坭兴陶工艺特

色、艺术魅力以及不同发展阶段的代表作品。

维基先生为人儒雅，出言谨慎。作为藏家，他一件一件讲述藏品的来龙去脉，分享自己把玩之后的鉴赏心得，语气从容，我却感受得到其中的自豪。又一日，应我请求，他驾车拉我到钦州，看窑口，走作坊，拜大师，访精品，更是兴致勃勃。当然，隔行如隔山，"走马观花"跟了许维基两天，也不过听了些耳食之言罢了。然，据此一知半解，却"到处逢人说'坭兴'"，有听者惊讶我何以对坭兴"一见倾心"，笑答道，你不知我其后又自驾车"私访"钦州多次，流连于各陶器门店间。尽管仍旧是"门外汉"，其实对"坭兴陶"应算是"痴心不改"呢。

江苏宜兴、广西钦州、云南建水和重庆荣昌所产陶器，曾在20世纪50年代的一次陶瓷展览活动中被国家级机构命名为"四大名陶"。其中宜兴紫砂，尤以工艺精湛、流派纷呈、大师辈出以及丰厚的人文传承名世。而坭兴、建水和荣昌，虽因地处偏远而未能成为宜兴那样的"富贵土"，却也各擅其长独辟天地。如坭兴陶，它利用坭兴陶土的细腻绵密、坚而不脆的特质，把刻、镂、雕、填等工艺发挥得淋漓尽致。而钦江两岸陶土经特定的配比和窑炼，又经打磨和研洗，呈现出陶土窑变的"陶褐"与"陶彩"，焕发出凝重内敛的光华，深藏着不事雕琢的绚烂，成为坭兴陶的审美特质。我想，早在1915年参加首届巴拿马万国博览会时，坭兴陶就是以这种含蓄古拙之美而征服世界，荣获博览会金奖的吧。当然，同列为"四大名陶"的云南建水窑和重庆荣昌窑，也绝不是浪得虚名。此前我对他们各自的特色只是有所耳闻，直到2019年5月，"第二届中国四大名陶展"在钦州举行，我才从展会上领略了建水陶荣昌陶之美。费孝通先生关于人类文化多样化的理念，即所谓"各美其美，美人之美，美美与共，天下大同"的"十六字箴言"，同样赢得"四大名陶"的认同。我记得学术研讨会上，来自各地的陶艺家、美术家从不同的角度阐发自己的学术见解，忝为"嘉宾"的我，因为是"外行"，面对纷繁的讨论，固有千头万绪之惶恐，更多的，则是"美不胜收"的欢欣。恰逢主持人邀我登台发表感想，我抒发的正是这被感动的心声。其实就近现代坭兴陶的发展而言，我们既可看到悠久的制陶历史所形成的独特与薪传，也可以看到随着视野的开阔和文明的融合，坭兴陶如何获得了创新的动力以及生生不息的魅力。遥想清朝咸丰年间，钦州曾以精美烟斗的制作令世人惊艳，称之"钦县陶产，远迈宜兴"，姑且不论这豪迈是历史真实还是励志豪言，坭兴陶并没有因此停下学习的脚步，甚至还能看出不少坭兴作品对宜兴紫砂壶器型的借鉴与模仿。然而植根于民间的地域文化，又有着毋庸置疑的消化力。穿越百年的坭兴陶器，已经以其大雅近拙的陶质、古朴内敛的陶彩、挥洒大方的陶刻，自立于中国陶器之林。

我认可"各美其美"，向往"美美与共"。譬如"四大名陶"，我甚至对宜兴的紫砂，包括它的大师们——杨彭年、陈曼生到顾景舟……心存敬畏。建水、荣昌也令我眼前一亮。但不知为什么，对钦州，对坭兴陶，却有种神韵相通的偏爱。

或许法国文艺史家丹纳的那个观点不无道理，"种族，环境，时代"孕育了一个地域文化的"精神气候"，由此而产生不同的艺术产品。"莎士比亚不是外星球来的陨石。在莎士比亚的背后，有整整一个民族合唱队的合唱。"坭兴陶器里蕴藏的凝重与丰沛、沉稳与刚毅、低调与执着，正是这一地区的"精神气候"所养成的。比如我天天都要使用的那一把坭兴石瓢，显然得于宜兴曼生石瓢创意，"不肥而坚是以永年"，应是这一器型"文化自信"的宣言。而到了坭兴，独有的陶土材质和磨洗工艺，独有的窑变和陶刻，使之熠熠泛墨玉之色，铮铮传金石之声。隐隐中我读出了钦州人——北部湾畔的乡亲们——那种"不彰不显浅烛幽光"的品性，"不闻不达功到自成"的坚韧。出人意料却又在我意中的是，我所接触过的几位坭陶大师，无不和我心中的坭陶品性相同构——素朴如邻居大哥的中国工艺美术大师李人帡，那天他听闻我到钦州出席"四大名陶"展览会，约我展会门口一晤。只见他上身穿着对襟的短袖衫，下身穿着肥大的短裤，有如一位来自秧田的老农。我暗觑那一双略显粗拙的大手，惊叹我曾膜拜的"高鼓花樽"就是出自这双手。我并不怀疑这是一位真正的艺术家，我知道他有过"学院派"的艺术训练，更知道他经历过民间"精神气候"的洗礼，甚至知道他为坭兴陶这一"非物质文化遗产"的传承而经历的坎坷。我只是惊讶他比我想象的更平常平易，就和坭兴陶制品一样，平易中饱含着神气和劲道。其实我此前遇见的好几位制陶名家，不管他们是以造型见长还是以刻陶名世，抑或兼通多门；也不管他们是执着古意还是志在出新，抑或融古启新不偏不废，却似乎都有着世所常见的钦州人的品性，比如另一位陶艺大师曾日荣，曾以茶具《时来运转》蜚声海外。从友人处得知，此公除制陶刻陶，书法、油画、摄影乃至乒乓运动无所不涉，我有幸藏有其书写小楷《道德经》一幅；另一位刻陶名家龙拔标，我有幸收有其刻陶坭壶一套，壶身刻草书王维《山中》绝句，就是"山路元无雨，空翠湿人衣"那首，方寸之地，笔走龙蛇，轻重缓急，逸兴遄飞。曾有书界名家来访，见悬于厅上的《道德经》，又见刻于壶上的《山中》五绝，啧啧而赞。称曾日荣所书工稳劲健，读得出功夫与神气。而龙拔标的书法与刻陶，相得益彰。足见钦州地处僻远，却藏龙卧虎，不缺大气象大手笔。便又想起丹纳的"精神气象"说,"大气象大手笔"倒不一定各个气吞山河,更在于一种生命的境界,我见过那位刻陶家龙拔标做的一只茶盏,上刻了《神童诗》里的几句,你们猜摘的哪句?有人说,总不会是"天子重英豪,文章教尔曹;万般皆下品,惟有读书高"吧?众大笑。有人续背以趣之:"少小须勤学,文章可立身;满朝朱紫贵,尽是读书人"?倒是有一位不苟言笑的朋友说出了确切答案:"诗酒琴棋客,风花雪月天;有名闲富贵,无事散神仙。"大家抚掌称快,说《神童诗》里就这几句最中听,也切乎茶杯的身份。更大笑而难止。由坭兴陶又说起许维基和钦州的坭兴陶博物馆,知我在偷偷学习坭兴陶知识,鼓励我诗以咏之。友人皆怂恿,道:"快写快写!"因骂之:"口气好像让阿Q快去'革命'似的——'同去同去!'你们怎么不去?"骂归骂,其时心中已有情愫暗生。遂勉力以古风为体,新韵凑之,赋得《坭陶吟》长歌,聊释追慕之怀。录之以就教于方家。

坭陶吟并序

坭兴陶产自广西钦州,此地与吾乡北海相邻,经考陶器烧造历史已逾千年,迨至晚清始得坭兴之名。坭兴陶虽地处僻远,却曾一时风行岭南名扬海外,被称为中国"四大名陶"之一。欣闻钦州坭兴陶博物馆开馆,制歌行以贺之。

钦江岸东西,息壤骨肉奇。
世取观音土,糅洗澄天泥。①
匠艺如天授,抟物美丰仪。
积代弥久远,岭南何处及?
坯成刀以笔,方寸走大千。
剔画或深浅,写意亦工纤。
点睛得奔逸,摄魂恐化仙。
置汝龙窑脊,烈火炼真颜。
复以阴柔水,卿卿久磨研。
虎皮天斑现,地青惊窑变。②
天人共奇工,水火造化间。
光影夺釉色,莹莹尘不染。
气韵久沉雄,汉风复翩然。
幽幽藏古雅,熠熠动心弦。

缘悭富贵土,③岂输彩云巅。④

荣昌皆有道,⑤坭兴独辟天。

注释:

①传坭兴陶所选料,系钦江两岸陶土,一曰白土一曰紫土,西岸为骨,东岸为肉,以"软六硬四"为比例,混合后经筛洗澄出以用之。

②坭兴陶以陶土"窑变"为特色之一,"虎皮""天斑""地青",皆为极品窑变的代表性图案。

③"富贵土",指江苏宜兴陶。据传有僧人沿街叫卖紫砂陶所用紫泥,呼"谁买富贵土?"后宜兴紫砂名器身价鹊起,果言中之。

④云南,人谓"彩云之南"。建水陶产地在云南建水,与宜兴陶、坭兴陶、荣昌陶并称中国四大名陶。

⑤"荣昌"亦四大名陶之一,其地今属重庆所辖。

2019年12月7日于北京

陈建功,1949年生,广西北海人,中国作协副主席、著名作家。曾任第十、十一届全国政协委员,第十二届全国政协常委。1957年随父母迁至北京,1968年毕业于中国人民大学附中,后在京西煤矿当了十年采掘工人,1977年考入北京大学中文系。著有小说集《迷乱的星空》《陈建功小说选》《丹凤眼》《前科》《找乐》,长篇小说及同名电视连续剧《皇城根》(合作)、《青春之歌》(合作),散文集《从实招来》《嬉笑歌哭》《北京滋味》《默默且当歌》《我和父亲之间》《率性蓬蒿》等,作品曾多次获全国重要文学奖,部分作品被译为捷克、韩、日、法、英文版本。

清溪如许，碧云深处

容本镇

通往六万大山的公路弯曲狭窄，盘山而上，沿途山峰高耸，峡谷幽深。一朵朵轻盈的白云贴着茫茫林海缓缓移动，宛如一团团巨大的棉絮飘落在绿色波涛之上。虽已是深秋时节，但六万大山没有一丝"无边落木萧萧下"的萧瑟之气。纵目远眺，唯见天高气爽，林木森森，青山滴翠。

我们一行四人，我，县文联主席龙茂呈、主任科员王访，县科协主席容钊，专程前往六万大山考察采风。汽车在高山峡谷中盘旋爬行，随时都有可能撞向峭壁或翻下深谷。有时候急转弯上坡，路面宽度不够，车子还得往后退一退，调整好角度，才能继续往上行驶。两车相会，必有一方靠边停下，让对方小心翼翼通过。遇到只容一车通行的路段，还得往后退到路面稍宽的地方，才能让对面车辆擦身而过。但驾车的龙茂呈并无紧张之态。他长期在县里工作，在山区公路开车早习以为常。做过县志办主任的他对浦北人文历史十分熟悉，他一边开着车，还一边给我讲述一些民间能工巧匠的趣闻轶事。王访是位作家，也时不时地介绍一些本地的风土人情。汽车不断盘旋而上，一座座山峦渐渐退隐到缥缈的云雾下面。位于六万大山腹地的官垌镇古称"石梯"，看来并非虚言。

上午十点多，汽车爬升到了两座山峰之间的垭口上。容钊事先联系好的官垌镇国土规划环保安监站负责人黄满传和正农生态农产品有限公司董事长庞俊匀还没有到。或许他们以为我们不会这么快到达。垭口的风很大，凉爽宜人。不远处，一只山鹰正在蓝天上翱翔俯视。没多久，黄满传和庞俊匀开车赶来了。庞俊匀是我们这次要重点采访的对象。乍一看，这位山里汉子身材高大魁梧，浓眉宽额，脸堂方正，身上透出一股沉稳刚毅之气。简单打个招呼后，他们便在前头带路，继续往六万大山腹地驶去。顺着盘山而下的险峻公路，来到了一个溪流奔腾、满眼翠绿的山谷。穿过山谷和一个绿树环绕的小村子，又开始沿着蜿蜒起伏的山间公路进发。记不清转了几个弯，爬了几个坡，终于来到了庞俊匀的老家松木水村。

松木水村是个小村子，四周高山环抱，山谷间几乎没有什么平地，整个村子就像坐落在大山的皱褶里。在村边狭窄的空地停下车，回头一看，进入村子的路已被山崖挡住，只能看见一个路口，继续往前延伸的路拐个弯也隐没在茂密的森林中了。村民们的房屋零零散散地建在陡斜的山坡上和溪流旁，混凝土房、砖瓦房、木板房等参差错落，朝向不一，形态各异。庞俊匀告诉我们，这里是六万大山腹地，钦州市、玉林市交界，翻过这座大山，便是玉林市博白县永安镇的地界。村子倚靠的山峰，是南北分水岭。松木水村在山的北面，武思江的支流从村前流过，一直通往西江干流郁江；南面的水流汇入南流江后，则一直通往北部湾进入辽阔的大海。

从停车处往上看，一股流量很大的山泉水，从峡谷中穿越而出，流经村子中间的深沟，向山下奔腾而去。溪水清澈冰凉，轰然有声。六万大山沟壑纵横，树木茂盛，水源丰沛，像这样的溪流，山里到处都有。这里缺平地，缺稻田，但不缺水。六万大山，壮话的意思就是"泉水甘甜的大山"。

六万大山的居民们懂得靠山吃山、靠水吃水的生存之道。在交通闭塞的古代，他们出一趟山很不容易，与外界交往极少，但他们充分享受着大山丰富的蕴藏与馈赠。不知从何时起，他们发现，清澈的山泉水可以养草鱼。草鱼喜欢吃的青草，村边地头到处都是，一年四季蓬勃茂盛，取之不尽。于是，他们依山就势，挖出一个个小鱼窝，引入山泉水。山泉水是活水，流进小鱼窝后，又直接从插着木条栅栏的出水口流出，各种残渣和排泄物也随之被水冲走，不会淤积在鱼窝里。活水，又保持了水质的干净和氧气的充足。山泉水放养的草鱼，肉质结实，味道鲜美。因山高路远，交通不便，过去每户人家养的鱼都不是为了卖，平时也不吃，只有逢年过节或招待亲戚朋友才会捞上一两条作为上等佳肴。

我们沿着松木水村的溪流往上走。溪岸狭窄崎岖，必须小心地看准落脚的地方并保持身体平衡，防止摔倒。来到一户人家的房屋边，没有堤岸了，房屋的一面墙直接伸入了溪流的底部。这一段通道，是用木板架起的"浮桥"，走在上面，木板摇晃得吱吱作响。踏过浮桥，转过屋角，却是别有洞天。峡谷两旁山峰耸立，林木苍翠，八角飘香。一个个小鱼窝依山而建，高低错落，大小不一，大的十几二十平方米，小的只有七八平方米。清澈见底的溪流像一条巨大绳子，把一个个小鱼窝连成了大葫芦串。庞俊匀说，每个小鱼窝都养有几十条至一两百条不等的大草鱼。站在鱼窝边上，游动的草鱼清晰可数。

松木水村分散在两处，姑且称为上屯和下屯。庞俊匀老家在上屯，也就是松木水村的后背山上。我们沿着溪流原路返回到停车的地方，重新上车。庞俊匀带着我们拐过几个陡坡急弯，再爬上一个长山坡，来到了后背山上。这里的地势更加陡峭，房屋大多建在峭壁和斜坡上。庞俊匀家的祖屋就建在一个斜坡上，屋脚下面就是一个小鱼窝，鱼窝里游动着几十条大草鱼。庞俊匀一家和父母已搬到镇上居住，但爷爷不愿离开祖祖辈辈生活的地方，仍住在村子里。我们来到的时候，他正坐在屋外的凳子上眯缝着眼睛晒太阳。庞俊匀说，爷爷今年92岁了，身体仍很硬朗，头脑也很清楚，平时的生活都是自己打理。山里八九十岁的老人很多，有的已经过百岁了。

再往前走几十步，我突然看见，在村道的下方，一条溪流潺潺流过，有一户人家的房屋建在溪流边的陡坡上，进出都要经过一条小桥。小桥坡度很陡，高的这头连着村道，低的那头连着房屋门口。令人称奇的是，桥面居然没有台阶，只在桥的两边用木头搭建有简易扶手。整个小桥实际上就是一个斜坡，就像儿童乐园里的滑梯，人走在上面，脚下一滑，就会顺着桥面呲溜一下滑落下去。但这户人家上下小桥却如履平地，我不禁惊叹于山里人超乎想象的行走能力和生存技巧。

我们今天来到这里，主要是为了想一睹"鱼王"的风采。我们跟着庞俊匀，深一脚浅一脚地踩着杂草丛生的泥埂，来到对面山坡一个不起眼的小鱼窝前。小鱼窝四周长满了灌木丛和杂草。鱼窝上面大约三分之二的面积，随意架着木条和竹竿，形成一个透光透风又透气的凉棚。因长年日晒雨淋，木条和竹竿已干枯腐朽。透过凉棚的缝隙和敞开的地方，我们看到了四条硕大的草鱼，其中最大的那条便是大名鼎鼎的"鱼王"。在光影斑驳的清澈水中，"鱼王"体态健壮，线条优美，色泽光亮，灵活生猛。庞俊匀说，这条"鱼王"已有32岁，体重50多斤，是六万大山寿命最长重量最大的一条山泉水草鱼。

1988年，庞俊匀两岁的时候，父亲庞承锋在小鱼窝里放养了一批草鱼。草鱼长大后，大多被吃掉或卖掉，其中有四条留了下来。年过一年，草鱼越长越大，全家人都对这几条鱼有了感情，再也舍不得卖掉。庞承锋是村里小学的民办教师，每天放学后，都要来到小鱼窝，看一看这几条鱼，在周边扯一把青草丢进鱼窝里。小俊匀长到四五岁的时候，更是把这几条鱼当成了宝贝，每天都要投草喂鱼。大草鱼似乎也有灵性，看到小俊匀拿着青草站在鱼窝边上，就会欢快地游过来，像是欢迎自己的小主人。草鱼伴随着小俊匀一天天长大。因家里穷，为了让孩子读书，庞承锋也曾动过卖掉这几条大鱼的念头，但最终还是没有卖。最担心大草鱼被卖掉的是小俊匀，每到春节，有外地人来收购草鱼，他就会守住小鱼窝，谁也不许把那几条大草鱼卖掉。有一年春节前，他居然在小鱼窝守了三四天，直到父亲保证不把这几条大鱼卖掉才肯离开。

　　天有不测风云。有一年许多鱼窝里的鱼都染病了，当地人叫"发鱼瘟"，放养的鱼成片成片地死去。大人们眉头紧蹙，束手无策。小俊匀急得坐卧不安，守着小鱼窝不知如何是好！一天偶然听说苦楝树的叶子可以治鱼瘟，便急匆匆地去找苦楝树。他采回一大堆苦楝树叶，通通投进了鱼窝里，心里默默祈念着药到病除，鱼儿们转危为安。第二天天刚蒙蒙亮，小俊匀就一骨碌地爬起床，飞快地跑到鱼窝看鱼。这一看，整个人都傻了。鱼窝里，一大片草鱼都白花花的翻了白，有的还在痛苦地扭动挣扎着。他用力擦了擦溢满泪水的眼睛，跳到水里寻找那几条大鱼，看看死了没有。在小鱼窝的一角，他看到了四条大鱼。令他欣喜万分的是，四条大鱼都没有死，活得好好的，而且一改前几天蔫巴巴的样子，又变得生猛起来。看来，苦楝树叶起作用了。可惜的是，那些年龄小的鱼或许病得太重，或许承受不了这样的猛药，几乎全都翻白了。小俊匀飞快地跑回家，把这个好消息告诉父亲，全家人都乐得心里开了花！逃过这一次大劫难，四条大草鱼平安地活到现在，长成了"鱼王"。前几年，一位玉林兴业县的石材老板慕名专程前来，开价一万元要买走最大的"鱼王"，作为观赏鱼供养起来，寓意生意旺旺、年年有余。但全家人客气地回绝了。

　　草鱼的寿命一般为七八年。六万大山的草鱼生活在清凉的山泉水中，新陈代谢慢，生长也就慢，比起那些池塘喂养的草鱼和大江大河的野生草鱼，寿命要长得多。庞俊匀家的这条"鱼王"，至今已活了32岁，是草鱼正常寿命的四倍，是真正的"老寿星"了。在六万大山，许多人家的鱼窝里都养有十几二十年的草鱼。

　　中午，我们随庞俊匀来到他的鱼王山庄。鱼王山庄位于半山腰的溪流边上，下面就是两个小鱼窝，数十条生猛的大草鱼在清澈的水里游弋着。在鱼王山庄大堂的墙壁上，挂着几幅中央电视台前来拍摄"鱼王"的大幅照片。庞俊匀家养有六万大山最大"鱼王"的消息传开后，松木水村也成了远近闻名的"鱼王村"。这条"鱼王"也成了全国各种媒体的"明星"。中央电视台《致富经》《科技苑》《每日农经》《美丽乡村行》等栏目曾多次前来拍摄报道官垌草鱼养殖情况。每次报道,都少不了"鱼王"的丰姿。庞俊匀抱着"鱼王"的照片也成为代言官垌山泉水草鱼的经典照片。

庞俊匀特意为我们安排了全鱼宴午餐。这是直接从山庄小鱼窝里捞起的一条十多斤重的大草鱼精心烹制的。全鱼宴也称为"一鱼十吃",即一条鱼烹制成十道菜、十种吃法。每道菜都有自己独特的味道,每"一吃"都让人唇齿留香。全鱼宴让人真切体验到了什么是舌尖上的享受。

我们边吃边聊,在轻松愉快的饭桌上,我们对庞俊匀的人生经历有了更多的了解。2007年庞俊匀在福旺职教中心职校毕业。或许是对养鱼有着特殊的情感,或许因为有过养鱼经验而心中有底,庞俊匀刚毕业就把母校的鱼塘承包下来,开始了迈向社会的第一步。福旺镇与官垌镇紧邻,都属于六万大山地区。虽然承包鱼塘颇为顺风顺水,收入不错,但年轻的庞俊匀终究不甘心永远留在大山之中。2009年,像许多年轻人一样,他毅然离开家乡,来到陌生的深圳打工。他凭着中等职业教育学历、强壮的身体和不怕吃苦的精神,受到了用人单位的欢迎。他做过工厂工人、汽车销售员,还做过消防员和保安。但在深圳这个打工者的天堂里,他却有一种漂泊无依的感觉,总是找不到能让心里踏实的归属感。闯荡两年后,他又回到了熟悉的六万大山。他明白了,他是属于大山的,就像一只山鹰,只有高山才是最适合自己的狩猎场和栖息地。他一回来就被聘为官垌镇派出所的一名兼职辅警。他有过外出打工阅历,身材高大强壮,对当地粉仔(吸毒人员)、小偷、刑满释放人员等又十分了解,因此做兼职辅警得心应手,表现突出,他管辖的区域治安状况明显好转。不久他被选中担任村委团支书,没多久又被村民们选为村委会主任。经过一番淬炼,此时的庞俊匀早已不是几年前未曾走出过大山的青涩少年,而是蜕变成一个真正的山鹰了。

庞俊匀把目光转向了祖祖辈辈繁衍生息的六万大山。他要把这座大山蕴藏的宝物挖掘出来,推销出去。山泉草鱼、八角林香土鸡、生态鹅、生态鸭、生态茶、生态竹笋、野生灵芝、八角香料、农家腊肉、富硒大米、石磨米粉、无公害水果蔬菜等。他注册成立了官垌镇正农生态农产品有限公司,由一名村干部转身成为董事长,从此又开启了新的人生旅程。他经营的那些带着山野气息和八角芳香的土特产品,源源不断地远销到了山外,受到了外地人的喜爱。

离开鱼王山庄,我们驱车来到官垌镇上。在武思江边解放北路的一栋楼房前，我们见到了山泉官垌鱼产销专业合作社理事长张振寿。走进一楼大厅，一面墙上挂满了各种各样的荣誉奖牌和证照。年过五旬的张振寿个头不高，身体壮实，短发花白，T恤衫，大短裤，脚穿凉鞋，活脱脱一副农民模样，但实际上是一个地地道道的大学毕业生，一个曾在基层工作过十年的国家干部。他是浦北商界一个颇有传奇色彩的人物。县科协主席容钊与他有工作上的联系，彼此熟悉，谈起话来气氛轻松，开门见山。张振寿十分健谈，也很坦率。在他简朴的办公室坐下后，他就爽快地为我们讲述他的人生故事。

张振寿1986年毕业于广西农学院农学专业，原被分配到灵山县，自己要求分回浦北县。到浦北县农业局报到后，他被安排回到家乡，在只有三个人的乡农业站做一名技术员。那时候分配到乡镇工作的大学生还非常少，但张振寿没有怨言，在这里一干就是十年。他回来的第二年父亲就病重去世了。他共有六兄弟，没有姐妹，他排行老二，是全家唯一领工资的人，因此全家的重担就落在了他的肩上。微薄的工资收入，除了自己生活，还要照顾两个弟弟和大哥的孩子读书，日子过得十分窘迫。1996年，因为工作和个人原因，他毅然辞去公职。这一年，他34岁。一个拥有大学本科文凭的国家干部辞去公职，许多人都感到惋惜和难以理解，这件事也成为当地一大新闻。这个重大决定，意味着他一下子失去了基本的生活保障。但他已没有退路，也不能再犹豫等待。他利用自己扎实的专业知识和丰富的工作经验，四处推销农作物种子。他的大学同学大多在农业部门或科研机构工作，知道他的情况后，也伸出援手，尽可能帮他的忙。但这项工作没能给他带来多少收入，不足以养家糊口。后经熟人介绍，他到深圳给一家企业老板当助手，工资相当丰厚，是他当国家干部时的好几倍。但他受不了要经常陪客户喝酒，刚做几个月便辞职不干了。

张振寿又回到自己的家乡。在四处奔波的时候，他一直都在思考和抉择。他从六万大山的小鱼窝中，敏锐地看到了潜藏的商机。他投入所有积蓄，毫不犹豫地加入小窝养鱼的行列。科班出身的他，比一般农民懂得更多的养鱼知识和方法，他养的鱼品质更好，产量更高。几年下来，他的口袋渐渐鼓起来了。他在镇上买地建楼，把公司牌子也挂到了这里。他过上了过去想都不敢想的生活。2003年，经过深思熟虑，他又做出一个重要决定：牵头成立官垌鱼养殖协会。他要把分散在各个村寨的养鱼户组织起来，实行分散养殖，集约经营，统一销售，抱团出海。他要把官垌泉水鱼的产业做大做强，为自己也为乡亲们创出一条增收致富的新路子。

过去的鱼窝,大多是天然形成的窝坑,只是稍作挖掘修整并在下游出水口安装栅栏即可。随着经济条件的好转和人们对官垌泉水鱼需求量的不断增加,张振寿指导和引领养殖户对部分小鱼窝进行改造。改造后的鱼窝,不仅更加坚固安全,经得起山洪冲击,还使得流经鱼窝的山泉水更加畅通,将鱼窝冲刷得更加干净,水质保持得更好。鱼窝加深,空间扩大,还可以放养更多的草鱼,从而提高了每个鱼窝的产量。

张振寿头脑聪明灵活,不仅善于经营管理,还善于钻研技术。他潜心研制的"卧式无损伤活鱼捕捞装置""立式无损伤活鱼捕捞装置""并排无损伤活鱼运输装置(移动式小池塘)""车载用活体水产物无损伤运输装置"等,相继获得国家实用新型专利证书。他的专利技术,有效解决了活鱼捕捞、远距离运输保鲜等大难题。现在,他的官垌草鱼销售点已开设到了南宁、钦州、玉林等地,几百公里外的人们,都可以就近买到正宗的活蹦乱跳的官垌草鱼了。"做月饼是一个月的生意,官垌鱼是365天的生意。"张振寿十分自豪地说。

张振寿成功了。他打造的示范养殖场相继获得"广西无公害淡水养殖草鱼示范基地""农业部水产健康养殖示范基地"等称号。2010年"官垌草鱼"获评为国家农产品地理标志登记保护品牌。张振寿本人也先后获得广西"科技种养大王""全国科普惠农兴村先进带头人"等荣誉头衔。他成了农业和商界的知名人士,各种活动的邀请也多了起来。他最难忘的一次经历,是2010年获选为大陆首批19位农业领域带头人赴台湾进行为期十天的培训。这是由广西农学会和台湾农会联合举办的大陆农民台湾培训班。正率团在台湾访问的时任广西壮族自治区党委书记郭声琨、台湾省农会总干事张永成等出席开班仪式。十天的课堂授课和实地考察,给张振寿留下了深刻的印象,尤其是台湾休闲农业、生态农业以及组织管理方式等,极大地拓展了张振寿的视野和思路,为他的合作社发展提供了有益的启示和借鉴。

采访过程中,不断有养殖户打电话给张振寿,还有客商等着同他谈生意上的事。为了不影响他的工作,下午三点多我们告辞了。张振寿表示歉意,送我们上车后,就匆匆赶去和养殖户们见面了。

在返回县城的路上,我的脑海里一直交替叠印着庞俊匀和张振寿的身影,心里不由自主地涌起一阵阵感慨。我在想,千百年来,世世代代居住在六万大山的乡亲们都是靠山吃山、靠水吃水,但始终未能摆脱贫困的命运,他们似乎已习惯和适应了这样的命运。接受过大学教育的张振寿,有过外出闯荡经历的庞俊匀,也是喝六万大山泉水长大的,也是靠山吃山、靠水吃水,但他们的生活与祖祖辈辈却迥然不同。他们的生活与命运,一头连着丰饶的大山,一头连着外面多彩的世界。他们以一种全新的方式,书写着自己的人生故事,也昭示着古老的六万大山已然觉醒。

容本镇,1958年2月生,广西浦北人。教授,硕士生导师,中国作家协会会员。广西教育学院原党委书记、院长;兼任中国写作学会副会长、中国文艺评论家协会理事、广西文艺评论家协会主席等学术职务。个人主要著作有:长篇小说《古海角血祭》,长篇散文《岭外汉风》,论文集《文学的感悟与自觉》《凝望八桂》《广西当代文艺理论家丛书·容本镇卷》等;主编及合作出版《广西文学艺术六十年》《广西当代少数民族文学概观》《悄然崛起的相思湖作家群》等20多种。作品曾入选国家新闻出版总署"三个一百"原创出版工程,曾获广西社会科学优秀成果一等奖、广西优秀图书一等奖、国家级教学成果二等奖、自治区级教学成果特等奖等。

洞天福地三海岩

冯 艺

几十年的游历，我已经记不清观赏过多少名川大山，无论它是名扬天下还是名不见经传，三海岩在我生命的记忆中是无法替代的，因为它是我的"洞天福地"。

许多人知道三海岩，不一定知道三海岩位于灵山县城城西的凤凰山上。凤凰山紧挨着六峰山，向远望去，山的四周绿色相生，青翠蓬勃。放眼山顶，西面坡缓，三面的山崖陡峻，猿猱难攀。六十多年前，一个生命在三海岩前的一幢青砖房子里从母亲身上滑出，呱呱坠地，那就是我。清代学人周士旦题写的"灵山第一"牌匾挂在这幢房子的大门上方。上小学的我，心性单纯，无知无畏，没少让父母操心。想着家门便是凤凰山，常有攀爬的欲望。一天放学后，我和发小纪健

三海岩　　　　　　　　　　　　　　（李中瑞画）

从西面山腰向山顶攀爬,翻越那些嶙峋怪石,竟然到达山顶。薄云轻雾,倏忽往来,伸手可触。崖壁上葳葳蕤蕤地匍匐着一种叫过江龙的藤蔓,上面开着一朵朵金黄色的花朵,它的外表有如昙花般的鳞片,叫霸王花。母亲经常把这种花晒干,用来炖骨头汤。看到这种花,我们顿时兴奋起来,心想,把它们摘了拿回家去,定会获得母亲的夸奖。得意忘形中,我看到了一朵含苞的花蕾正在悬崖边上,怎么也够不着。可是,我还是想着把它摘下来。没想到,我一脚踏空,身体失去平衡,眼睛一黑,瞬间从悬崖边上向山下滑落。急忙中手上抓着了一根藤蔓,才使身体落速缓慢,不偏不倚摔在三海岩洞前左边凉亭的顶上,奇迹般保住了我的卿卿性命。抬头一看,山崖上"洞天福地"四个大字瞬间照亮了我黑暗的混沌世界,我竟安然无恙。现在人们常常把山水和人的吉祸笼罩在一种神秘的理论中。我当时是多么感激这幅巨大的摩崖石刻啊!后来我走了许多地方,确实都可以见到山水中存在某些福气的那一面。于是,我相信当年就是三海岩的神性和魔力在庇佑我,从此我在心灵深处对大自然深深的敬畏⋯⋯

  1065 年 5 月的一天,邕州知府陶弼在南宁返回湖南永州老家的途中,路过灵山,他看到"林交水回,岚嫩石瘦"孤峭挺立的凤凰山,顿发奇想,山内必有胜景,决意下马徒步向山而行。行至山腰,拨开榛莽,果然一个巨大的溶洞竟藏山腹中。陶弼找来当地百姓,打上松明火把,走入洞中,惊喜地看到洞中还有三个形态各异的洞穴。他惊叹道:"其一岈然云际,天光内通,如半月破;一若巨龟壳,侧倚崖下;二中洼上隆,前后卑昂,状如浮覆鼎盖,如曲突窟,三上端有阴壑,刀布藏焉,樵人百方力不能到,下有磐石,螺蚌负之。"徘徊于岩内,杳渺幽深又旖旎多姿的溶洞奇观令他无比兴奋,激动的心情久久不能平复。于是,他发出了由衷的感叹:真是沧海桑田,《诗经》上说,"高岸为谷,深谷为陵",这话不是虚言!这三个岩洞各擅其胜,就叫三海岩吧!于是,三海岩之名呼之而出,后人又根据陶弼对岩里三个洞的概括,分别命名为龟岩、钱岩和月岩。从此,人们慢慢忘记了灵城还有一座凤凰山。陶弼的发现,为后人多一方休闲摆古的自然景观,让人感怀追思,柔肠寸断,更留下千秋风月,多一份一千年前关于灵山的记载。时代的变迁,历史的底蕴就变得厚重了,忽然觉得有种"前不见古人,后不见来者,念天地之悠悠,独怆然而涕下",或是那种"人面不知何处去,桃花依旧笑春风"的感悟。联想在我的思绪里弥漫开来⋯⋯想象着一千多年前,凤凰山应是荒草野棘,禽飞兽走,魍魉魑魅。再看如今山前城里街道宽敞,高楼栉比,人来车往,我似乎看见了在这远离闹市的路上,陶弼正在踽踽而行的

身影,他汗水淋漓,疲惫不堪,却舍不得解开官服上的任何一颗布扣,孤孤单单,摇摇晃晃,也许没有卫卒前呼后拥,没有红轿代步,只有路边随处可以折就的手杖,还有官帽上那缕独自在风中飘摇的红缨相伴。从今天看来,陶弼是一位有情趣的诗人,怎么样又算得上是一位富于前瞻思维又重视旅游资源的领导吧?陶弼对三海岩的发现,无疑给灵山开辟了一方福地,引来了八方游人,许多文人墨客纷纷为之赋诗吟咏,并将这些吟咏镌刻在岩洞的石壁上。

　　我去三海岩最喜欢探究石壁上的那些摩崖石刻。摩崖石刻起源于远古时代的一种记事方式,有着丰富的历史内涵和史料价值。目光移过一幅一幅石刻,就像翻动着一页页史书,字里行间叙述着逝去的岁月,细细地阅读就能品味出其中的神韵。在前厅东壁,岳霖的《过灵山述怀》是我最钟爱的一幅。在那22行清秀而坚劲的小楷中,我仿佛看到了他走在灵山大地的背影。一代忠良岳飞遇害后,年仅12岁的岳霖随家人被流放至岭南的蛮荒之地,二十年的逆境中,饱受了人间的苦难和委屈,对于世事有了更多的认识。32岁时,他终于等到父亲冤案的平反昭雪,也得以在钦州任职。他不负其父的遗嘱,"扪鹰但觉丹心壮"。岳霖在钦州任知州期间的名高节清,史书中多有记载。我想为官一任,用心为民,多做好事,清白做人,几十年之后,甚至更远,人们还记住了他,山水记住了他。回到岳霖诗文,我试图摆脱以往所受教育的思维,设想一下当时的社会境况,我感觉岳霖没有遭冤逆的怨恨,有的只是惆怅,没能像其父岳飞那样怒发冲冠,为国为民征战沙场的惋惜之情,大好青春之时,只能在这天涯瘴海之地,折腰为米忧贫度日,面对大好河山虽胸怀壮志,却只能惆怅和遗憾!至于说诗中比较隐晦的,夹杂不必要的颂词以掩饰对朝廷的怨气,其实诗后一句已明确:岳家家训文化最原则的宗旨就是为民维国,竭尽精忠。岳霖的述怀,充满着感恩,感恩包括三海岩在内的这片大地,在他受难的时候,山的胸怀容纳了他,庇护了他,当他进入顺境后,又以一颗感恩的心回报了这片土地。

　　此时的三海岩依然很清静,山崖上野树和霸王花的藤蔓依然压弯树枝。岩洞顶上垂吊的钟乳石滴下的水声,好像有人在吟诵着岳霖深情而自然的诗句。我想,如果岳霖在世,他一定会来到这里,再写出新诗。

　　岳霖以诗的方式还活着。

　　先贤们用简洁生动的诗句,将三海岩的景色做了总结,美景在他的笔下有声有色,果真如此。在三海岩前居住二十多年中,我N次进出这个溶洞,深沟曲折,环环相通,洞中见天给我留下深深的印象。中学时曾学作诗赞:"久闻岭南有名山,洞中有洞是奇观；三洞神功添秀色，雄伟壮阔是龟岩。"龟岩是三海岩的前厅，可容纳很多人。在"备战备荒""深挖洞，广积粮"的年代，常常进行防空演练，是一个很好的防空场所。洞内绝壁搏云，钟乳石或层叠，或倒垂，正面一巨大的钟乳石形如雄狮，上方有历代信众在石壁上开凿的若干佛龛。过去，在这些佛龛里还雕着一个个栩栩如生的佛雕。站在这些石窟前，神驰于溶岩的窈窕幽悶，缥缈掩映，幽爽兼备，真如隐真妙境。只可惜，这些艺术精湛的雕像在"文革"破四旧中被毁于一旦，连同前厅洞壁上的摩崖石刻也全部惨遭水泥浆覆盖的悲剧。可谓呜呼哀哉矣！人站在月岩向北上方看去，洞口形如一弯新月，由暗至明，能依稀看见洞内奇形怪状的钟乳石如狮如龙，如凤如麟，如龟如蛇，如花如鸟……琳琅满目。想不到这自然天成的石头还潜藏如此精巧的艺术天工。月高层云，下临绝壁，瞻之岈然，仰望路绝。我想，当年陶弼到此，偏偏看上位于悬崖峭壁、无级可及的险洞，他非得架上数丈木梯不可。于是，他不得不请附近的百姓当向导，"或空倚飞崖，或斜插石隙层级"的木梯攀援而上。在当年，这的确是一件险难的事情。我透过洞口，仰望着天空，一群蝙蝠从钟乳石上惊起，乍高乍低地飞着，不时传来一阵阵悦耳动听的妙音。宁静片刻，蝙蝠又纷纷飞回停留在原先的钟乳石上，先是观察我的动静，后是朝着我亲切地张望，似乎它们已恢复了平静，适应了我的到来。看着如此灵性悠然自得的蝙蝠，我想，这里是它们自由自在飞翔最好的领地。三海岩的左后洞是钱岩。仰视右壁，形状宛如一块巨大的古钱币厚重而庄严，远望近看都百般亲切，壁面依稀裸露出银色的光泽，旷古而神奇。我猜想，这也是上天赐予凡俗间的另一种福气？不然，人世间哪有如此罕见神奇的岩洞呢？

　　神奇在于它的天然意韵，也在于它的天然质感。陆登阁书迹"六月无三伏，一朝有四时"正是如此的"别有洞天"的写照。无论是谁，只要让身体一进入岩洞，凉意刺激肌肤的感觉，连灵魂也会处于被抚慰之中。夏天，我就常常跑到洞里午休，在龟岩右边那块不知放了多少世纪的花岗岩石板上躺下来，让冰凉渗入肌体，身心便轻松如空气中飘浮的羽毛，疲惫就会被洗去，心也静得只听到空气清新的流动声，只听到沿着钟乳的滴下笃笃的水声，清凉的水生生长流。

　　这是三海岩流出来的圣水。三海岩前的左侧，有一眼古井，井台长宽各一丈有余，满嵌着青石板。水井的外围，是一圈茂盛的黄竹。喀斯特地貌的地下河支系发达，古井就得益于地下河，因而井水清凉而甘甜。优质的地下水连通校园的五眼老井，久旱而不枯，久雨而不溢，浇灌着这方水土这方人。

　　天地有大美，山水有灵气。一千年过去了，三海岩依然活在今人的阅读中。曾几许，站立在洞口的那两棵青翠的塔松也成了人们眼中注视的风景，它们的躯干分别站立在洞口两边，奇怪的是它们的松尾却像两个分别已久的恋人合长在了一起，再也不分开。这是难得的景观，也是大自然冥冥之中给我们的馈赠。有馈赠就要懂得感恩，这是我们做人的品德，我想这个福地洞天上至庇护了一代忠良的儿子，下至曾经托起了平凡的我。一百多年来，灵山的文化先贤建立"灵山官立中学"，几易校址，最终选择了三海岩这块风水宝地，在这建学堂、造凉亭、筑阁楼，寓自然景观与人文教育于一体，成就了一个崇尚科学、追求知识的洞天福地——灵山中学，也使我有幸在这里习业修身，让我的身上注入了这里的气息，更获得一种清醒的力量，这是我后来走得更远的发力点。这里有我的老师，耳提，传道，解惑，请益；这里有我的同学，求知，笃学，仰慕，友爱。我想，这风气就是三海岩千年的福分。这正是一百多年来，烽火连天，弦歌不辍，薪火相传，三海岩成长了一代又一代莘莘学子。在我看来，三海岩不止是纪念这些先贤们的一个人文景观，它更是文化上的传承的一个坐标。生于斯长于斯，我感受到这种庇护的福祉犹如校园里那些苍老遒劲、嵯峨挺拔的榕树，它们的枝叶，碧绿如染，给这所百年中学平添了一种静默安谧的天然之美。给人们带来一丝丝凉意，一缕缕温馨。微风过处，我已忘掉世俗烦忧，瞬间转化为美好的记忆。

　　山色空濛。风清气正。书声朗朗。在这情景中，我的心灵会得到洗涤，我的双眼会更加清澈、柔和、善良。三海岩，洞天福地，我心依然。

　　冯艺，现任中国作家协会主席团委员、中国作家协会民族文学创作委员会委员、广西作家协会名誉主席。一级作家、编审。曾任广西民族出版社总编辑、社长，广西作家协会主席、广西文学院院长。作品散见《人民文学》《诗刊》《钟山》《花城》《人民日报》《光明日报》《文艺报》等报刊，出版诗集《冯艺诗选》《相见》，散文集《朱红色的沉思》《逝水流痕》《桂海苍茫》《红土黑衣》《沿着河走》《除了山水，还有什么？》《广西当代作家丛书·冯艺卷》等十余部，其中散文《一个人的共运史》(《美文》2015年第8期)入选2015年当代中国文学最新作品排行榜，散文集《朱红色的沉思》《桂海苍茫》分别获第四、第八届全国少数民族文学"骏马奖"等多种奖项。

持守这方文脉

蒋锦璐

到访钦州的文人墨客,几乎都会前往中山公园,参观有 900 多年历史的天涯亭。经初建、重建、迁建,这座古亭已是"宋迹三迁"。

之所以得名"天涯",概因 900 多年前的钦州,还是开化初期的南荒之地。"钦地南临大洋,西接交趾,去京师万里,故以天涯名,与合浦之称为海角。"

从隋大业四年(608 年)至明嘉靖十五年(1536 年)的 900 余年中,钦州就一直是朝廷流放和贬谪官员、文人的过往之地。是故,虽为"天涯",钦州却有幸拥有了北宋苏东坡的邈邈身影。有画者以此为题材,画了一幅《东坡笠屐图》,画中东坡头戴斗笠,脚踏木屐,神情肃穆,忧国忧民。

大朗书院　　　　　　　　　　　　(李中瑞画)

相比苏东坡途经钦州的时间,天涯亭的修建年代要往前数十年。对于今天的钦州人而言,这座玲珑质朴的古亭,俨然是一处充满象征意味的文化载体。它凛然安坐于这片葱茏山水,像是开启了一方,更像是守护着一方环境与文化和谐相生的净土。

被朝廷又爱又恨的苏东坡,行至之处,却总能收获民间百分百热爱。后世钦州人为纪念这位文化大家,于清康熙三十四年(1695年),紧邻天涯亭,修建"东坡书院"。

从书院建立起来那天,它就像苏东坡之于中华文脉,深植于钦州的历史文脉。从清康熙年间的兴建,雍正、乾隆年间连续多次增修,到嘉庆年间的更新、扩展,及至光绪年间易址易名,迁至城北镇龙楼更名为绥丰书院,此后再历经钦州中学堂、广东省立钦州中学、广东省立第十二中学、钦州县县立中学等一连串在民国和新中国成立后随区划变动不断变化的校名,到1984年正式定名为钦州市第一中学。东坡书院,一直在历史长河中为中华文脉馨香在钦州这一片山水间延续做出最大努力。

如今,在它的始建旧址上,挺立起崭新的钦州市第一中学。传统文化与乡土教育相得益彰,令人欣慰。

我在朋友发来的照片中,看到东坡书院的流年旧影。东坡书院始建地的钦州城东平南渡口码头,波光粼粼,江水融融;黑白老照片里被光线抚摸的镇龙楼,起于民族英雄冯子材镇南关大捷后班师回朝后倡建,落成于1889年,整整六十年后毁于钦州解放前夕的炮火;1994年,在钦州一中校园内新落成的镇龙楼,三层楼宇高,琉璃瓦顶加玻璃门窗的现代模样。

看照片,就是向一个永逝的过去观看。今天,东坡书院已形制不再。但是,我们没有权利用诸如"灰飞烟灭"这样的词语,来武断地判定它的踪影。对于钦州人来说,东坡书院是"形散神不散"的存在,是作为一项古典文化事业的象征存在着。

考察东坡书院的流变,不禁让人联想到中国文脉保存和流传的艰辛历程,联想到一个古老民族对于文化的渴求是何等执着。或许,这正是中华文化何以生生不息、连绵不断的一处缩影。

我们乐见的是,如同东坡书院与钦州一中,还有一部分新式学校,建在钦州书院的旧址上。诸如,铜鱼书院与钦北区小董中学,鳌洲书院(回澜书院)与钦州市永福小学,归德书院与浦北县寨圩中学,西灵书院与灵山镇第二小学,等等。

文化层在钦州土地上叠加，就此丰沃了钦州的文化土壤。

书院是中国古代教育的重要组成部分，始创于唐代，初盛于宋代，元朝遇冷式微，明清两代数量激增，至清末被新式教育全面取代。这是一种以学者聚徒讲学为主要教育形式的学校，起初多为民间主导，为著名乡绅或社会贤达名士创立或主持，后向官方性质或半官方性质转变。

钦州偏于桂南。在书院的发展历史上，无论从创始时间，还是数量体量，自然无法与占据天时地利、与中原文化衔接沟通的桂北地区相比。

广西最早创办的书院，是唐末的疑似旧址位于阳朔县城的曹公书院，为纪念广西第一个科举入仕文人曹邺（晚唐著名诗人）而建。当书院在八桂大地上，循着自北向东、向南的路径渐次出现的500多年后，钦州才有了第一所书院，明嘉靖十五年（1536年）创办的海北书院。

然而，当我看到《广西书院研究》（广西史志文化研究丛书出版资助项目）中里的一组数据时，却感到不可思议：钦州历史上共有书院38所。这个数量超越了柳州、玉林这样一些在我固有印象中文化教育较早起步的地区，仅比南宁（59个）、桂林（53个）低。

特别是有清以来，广西书院总数呈几何级增长，总数达到创纪录的221所，其中新建者达205所。仅钦州一地就兴建46所，几乎占到全区的四分之一（数据见于《广西通志·教育志》）。

前后数据有出入，或许是因为统计口径不一致所造成。但钦州书院在清代，尤其是19世纪的盛况，却是不争的事实。

这一时期，朝廷禁令逐渐放开，开始视书院为官学的有效补充，同时也意图将书院纳入官学协作关系，加以控制，便采取变"堵"为"疏"的"招安"之计，谕告各省建立书院，又明令所设书院由封疆大臣控制，由政府拨给经费，重视"读书应举"。

广西书院在千余年发展史中，其类型主要有教学、祭祀、休闲商旅三种形式。顺应历史潮流发展的钦州书院也是如此，但因其出现年代较晚，更集中于教学性质，宣扬孔孟儒学和阳明理学，传播文化知识，并纳入对接科举制度。

在这三种之外，一种有别于全国各地的独特书院——武艺书院，"教武营子弟"，在广西，具体而言就在钦州创制。

《浦北县志》记载，清嘉庆年间和道光年间，浦北本地分别出现奎峰书院、石岩书院，前者备置武石、18种兵器，后者有长约1.5公里的跑马道。

载入《广西通志·教育志》的育才书院,是清同治年间由广西巡抚刘长佑、提督冯子材提出倡议兴建。书院位于今钦州城西南五十里海面的龙门岛,作为官办武艺书院,是清廷对武营子弟传习文化的试点,成为全国第一个、也是唯一一个专门教习部队官兵的书院。

于是,钦州书院在旧时书院统一的风貌之中,有了浸润着广阔南中国海独特气息的鲜活色彩。20世纪初期风雷激荡的历史进程中,孙中山将《建国方略》建设南方大港的地点选择钦州,是否因他感受到了钦州这种开放而超前的心态与眼识呢?

钦州书院在清中后期的蓬勃发展,一方面得益于政治生活大环境的孕育,另一方面有赖于本土一些"大人物"的远见卓识。

冯敏昌,边地青年,32岁即考中进士。在人才济济的朝廷官员、文人墨客中,被时人称为"南海明珠""天下异才",这得有多么大的才华。他由祖父启蒙,10岁入家塾,后赴端溪、粤秀等书院修学。人过中年后,因家父去世,便不复出山为官,一心一意在各地书院做主讲人,终成一名有所执持的学者、文人。

要说冯敏昌对鳌洲书院(回澜书院)的贡献,既是继承父亲遗愿,也是名士对家乡的本真反哺,也许还应该加上一点,历经世事风雨后,对纯真良善的不胜感怀。当他回望人生时,不免会重温鳌洲书院里,他少年时代的朗朗读书声。

鳌洲书院始建于明神宗万历年间,后被寇匪捣毁。直至乾隆十六年(1751年),才由当地多位乡绅捐资修建。这其中就有冯敏昌的父亲冯达文。

鳌洲书院似乎命运多舛,重建后不久即被大水冲垮。这个时候冯敏昌刚刚中举,尚在功名路上奋斗。在与家人的书信往来中必然会听闻此事。待嘉庆九年(1804年),年过半百的冯敏昌疏淡官场名利,带着无法消解的乡愁回到家乡定居,就此有了时间和精力,致力于书院重建。

这一次建成的书院,改名为"回澜书院",其形"迨阁既然,云楣绣拱,鸟革翚(注:有五彩羽毛的雉)飞",其质"光气熊熊照耀于中流两岸,而上烛于霄汉,回映于州城者千万状焉"。钦州子弟读书其中,"弦歌间作,波涛答乐,其乐无方"。

冯敏昌亲自撰写《州城回澜书院劝修小引》,认为修书院是不朽之功。文章虽然重在讲述书院始建、重修的来龙去脉,却体现出这位文化大家的思考。

"盖闻不朽之一,在于立功。故立功者,可以立不朽也。然功之既立,亦且有久而渐朽者,又在有人焉以维持之,使其欲朽者,仍为不朽。则庶立功之人,长此不朽。"文字不算复杂，其深意却值得好好揣摩。

这位做了半辈子官员的读书人，在书院建成后第四年逝世，入祀乡贤祠。至今，广西各类志书但凡盘点广西历史文化名人，必将冯敏昌列入其中。如果他在上有灵，一定必感欣慰。他实现了自己人生价值的"不朽"。

冯子材也是一位钦州书院发展史上留下浓墨重彩的人物。

与冯达文、冯敏昌两代人分别找"友仔"兴义举不同的是，在战场上有勇有谋的武将冯子材，在运作地方政事上，同样张弛有道，并且更加善于从高处着眼。用现在的话来说，就是站位高，有大局观，懂得争取组织支持。

当时钦州建置较低，属廉州府。清廷所配给予的录取生员名额，是按行政区划来计算的。建置低、地盘小，自然名额就少。这怎么能满足饱尝丧权辱国之气的冯子材对于人才的渴求呢。

为了让钦州的文化教育事业获得长足发展，他想了一个办法，向清廷呈递增录生员名额申奏，力陈钦州士人赴廉州应考艰辛之情，请求朝廷将钦州升为直隶州，为选拔人才提供方便。也就是说，让钦州从廉州独立出来，各成一格。冯子材抗法劳苦功高，所陈之情出于一片公心，且的确言之有理。于是，清廷把准奏作为一个"大礼包"，赐予年过七旬的冯子材。光绪十四年（1888年），钦州升为直隶州，同时增置防城县，隶属钦州直隶州；又从灵山县划4个练来属钦州。

地盘大了，钦州学额增至36名，比以前几乎多出三分之一。于是乎，钦州书院又一次迎来发展良机，新建10余座书院。

而冯子材本人，不仅为钦州文脉薪火相传争取到了政策扶持，也亲力亲为，出资助建铜鱼书院，并时常前往育才书院授课，实现了一代武将"蔚起人文""文章华国"的心愿。

当冯敏昌、冯子材等大人物，被后人尊崇其或学识或才华或骨气或节气等的时候，或许对于钦州本地人来说，更念念不忘他们对地方文化建设所尽的心、所出的力。他们晚年做的这些事，已无图谋"政绩"的需要，完全是凭着自己正直的文化人格。然而，我又愿意去遥想，他们做这些事情的时候，必然又是抱了本真的生命冲动。

写到此，我只是勉力将钦州书院那扇斑驳大门推开一道缝隙。

事实上，在我为这篇文章搜集资料、做研读的时候，钦州作家谢凤芹老师为我提供了很大的支持。她不仅悉心找到十来所书院的详细介绍材料，并配以实地考察的照片，还如数家珍地一一列举，如南宋地理学家周去非曾赴广西任钦州教授,并在名将岳飞之第三子岳霖任钦州知州时,应岳霖之聘再次出任钦州教授;又如明代黄琼槐、黄秋槐兄弟遵照其祖黄环、其父黄仪之命,一家三代兴建"迴澜义学院","方圆数十里青少年,皆负笈就读,间里皆沾其惠"。

她发来图书《钦州古代乡贤》电子版。这部图书是钦州作家全体总动员,走了很多路,采访了很多人,查阅了很多资料,考证了无数个疑难点,凭借严谨的治学态度,扎实清晰的文笔,历时一年多完成,涉及15位名留青史的钦州古代人物。

从文化渊源上来看,我以为谢凤芹等当代钦州作家所做的事情,无疑有钦州传统文化的遗传因子。他们是钦州传统文化的继承者,也是钦州现代文化的创造者。当他们将目光投向那些苍老而杳渺的文化遗存时,其实他们的内心,有着和冯敏昌、和冯子材如出一辙的生命冲动。

保存钦州书院的历史,是否也有待于进一步挖掘?文化人正在努力担当这一份职责。而更多的事情,势必应该有更多的人更多的力量共同参与。

蒋锦璐,广西文联文研室主任,广西作协副主席。中短篇小说见于《十月》《当代》《钟山》《花城》等刊物,被《小说选刊》《小说月报》《中篇小说年选》转载,并多次入选年度选本。有小说集《双人床》《美丽嘉年华》、长篇小说《一个男人的尾巴》、散文集《绚丽之下 沉静之上》,获第六届、第九届广西文艺创作铜鼓奖、第十五届广西精神文明建设"五个一工程奖"、第九届广西青年文学"独秀奖"、《中篇小说选刊》"2004—2005年度优秀中篇小说奖",等等。

乌雷的那一场雨

何述强

两千多年来,这是无数场雨中的一场。一场极为普通的雨,普通到可以忽略不计。但是,对于一个寻访者来说,有雨,总比没有雨让人记忆深刻。在乌雷的大海边,在伏波庙前,我被雨水打湿了。对于这场雨,我并没有躲躲藏藏,而是有意让它淋一下。想起北宋崇宁三年黄庭坚去看浯溪大唐中兴碑的情景,"同来野僧六七辈,亦有文士相追随"。那天的浯溪下了一场大雨,看模样,他们也没有躲藏,而是默默地伫立在雨中,"断崖苍藓对立久,冻雨为洗前朝悲"。我那天来看乌雷伏波庙,也有钦州文士三人同行。

乌雷伏波庙　　　　　　(李中瑞画)

在走进伏波庙之前,我先到海边走一走,看看雾雨中的红树林和大海,有渔人戴着雨笠从海中向岸上走来。然后我从稍远处回观伏波庙,从侧面看,从正面看,感受它的磅礴与雄浑。

到钦州看伏波庙,可以说之前我没有做过什么功课,因为自认为对马援将军,对伏波庙已有一定认识,也曾拜谒过一些伏波祠庙,知道整个珠江流域大大小小的伏波庙恐怕有数百个。但是到了海边的这座很特别的伏波庙,我的内心仍然为之一震。首先让我震动的是这座庙宇居然跟大海离得那么近,从庙门到海堤居然就是25米,如此近切!近得可以随时向大海面授机宜,随时沟通信息,与大海息息相依。可以与大海同喝几盅,笑谈沧浪云烟,在海水的摇撼声中微微沉醉。这庙,在千百年的与大海风浪的交流中,它仿佛成了大海在岸上的代言人,传递着大海的神秘、丰富、浩瀚与壮丽。伏波这个词,可能有更深的含义,比如,万里之波涛皆可伏之。从字面上看,亦可理解为伏在波涛之上。这座庙离大海如此近切,并且的确是伏在苍茫浩瀚的大海之波上。伏波庙为什么都在江河湖海之滨,我有点弄明白了。这是人为?还是天意?这大庙距海如此之近,并且不是在海岛上,在世界上恐怕也是非常罕见的。让我更为震动的是,这个庙的名字叫乌雷伏波庙。是乌雷这个词语给我的震动,这样的词语是有力量的。尽管我并不知道这两个字的来历,我感到这个词语本身,它的内部,蕴含着电光火石,涛声雷鸣;蕴含着一场旷古的雨,潜伏着一股神秘隐忍的气息。一个词语有可能蕴藏着一个博大的世界,里面的风景山重水复,尤其是像乌雷这样的词语,我不敢对它掉以轻心。刚刚到乌雷时下着小雨,正当我准备走进伏波庙的时候,雨越下越大。于是,在乌雷伏波庙我经历了一场大雨,但没有雷声。并不是所有的雨都需要有雷声,同样道理,并不是所有的雷都需要伴着雨滴。况且,有些雷声是听不到的,有些雨,是无形的,没有声音的雷有时候更加震动心灵。

海雨天风,与我一起拜谒了将军。情动于中,当下吟成一首:"天风海雨拜将军,千载乌雷有余情。庙祀英雄国魂在,轻敲神鼓振我心。"

当年马援一路南下,除了平叛,还做了大量好事,"以利其民"。比如,兴修水利,劝课农桑,治理郡县,修缮城郭,申明旧制,完善律法等。亲民近民安民是他一向的禀性。他眉目如画,相好光明,喜欢讲故事,公卿布衣老幼皆乐与之交往,具有天然的亲和力。历代到伏波庙礼拜的,什么人都有,可以被视为这种亲和力的延续。士农工商、军人、政治家、渔人、高僧,大家都可以走入伏波庙,缅怀将军的勋绩。什么人都可以接近伏波将军,什么人都可以得到他的恩泽和护佑。西汉之后，随着海上丝绸之路的开通，钦州乌雷是海上丝绸之路的一个重要站点和始发港。中原的瓷器、丝绸、"黄金杂缯"，通过这里去交趾，下南洋，出西洋。印度、阿拉伯以及东南亚诸国的使节、商人，也是通过这里进入中国的合浦郡，再到中原。航运技术未发达时，船只只能缘海而行。乌雷州之所以有伏波庙，就是因为马援征讨交趾时曾在此驻军休整两个月。他从合浦出海西行，缘海刊道千余里。乌雷处于中间位置，素有华夷天险之称。马援在此修战船、练兵，从这里出发前往交趾，一举剿灭征侧、征二及其余党。他在大汉边界立起铜柱，上书"铜柱折，交趾灭"，这是极具震慑力量的语言。从此，岭南一带获得数百年安宁。"自此后骆越传马将军故事"，便是《后汉书·马援列传》说的"南靖骆越"。

　　英雄人物多有悲剧色彩，马援也不例外。古人说的豪杰多"数奇"。就拿马援来说吧，他人生际遇奇，语奇，功勋奇，命运奇。单说语奇，他的一些话，"穷且益坚，老当益壮""马革裹尸""常恐不得死国事"，早已遍布寰中，成为许多有志者的座右铭和精神动力。就连他所说的"画虎不成反类犬"也精妙无比。奇语妙论，彰显他的大智慧。另外，他知人，识人，对形势的判断有相当准确的预见性，但是他似乎预见不了自己的命运。南靖骆越之后，封新息侯，食邑三千户，建武二十五年，病逝在壶头讨贼军中，旋即被诬，追收新息侯印绶，不得归葬旧茔。妻子草索相连到朝廷请罪鸣冤。旷世英雄，身后受辱如此，令人叹惋！只能说明，他在前线精忠报国，后方皇帝身边的宵小，沆瀣一气，用谗言为他准备了天罗地网，谅他插翅也难飞。天地间是否有一条"悲剧英雄律"？将悲剧与英雄形影相随，然后让悲剧的力量为这个历史人物增添了更加神奇的光辉。古人所谓的靳于前而丰于后，是不是就是这个道理？想到这里，一直以来，为他鸣不平的心理，居然获得一点点慰藉。马援去世三十年之后，也是他蒙冤受屈二十年之后，获得平反昭雪。汉章帝下诏封为忠成侯，所在皆立祠庙。乌雷作为马援足迹所至的地方，南征途中重要的驻军基地，自然也列为建伏波庙的首选之地。所以，乌雷伏波庙应该是在东汉时期就已经建立了。伏波庙的建立，对乌雷这个交通枢纽，华夷天险，无疑是十分重要的。以致后来在这里建县建州，我想，乌雷伏波庙都可以被视为一个重要的砝码。乌雷作为州郡有一百年之久，在唐代达到一个繁盛的顶峰。后来因为航海技术的发达，人们可以直接往深海航行，这里作为中转站的作用被弱化。另一方面也因为唐代爆发安史之乱，中原板荡，人民流离，中央政权削弱，边疆军阀割据争雄，途经乌雷的这条海上丝绸之路一度萧索，乌雷也就日渐衰落。但是这座伏波庙是根深蒂固地保留在这片土地上，伫立在惊涛骇浪的乌雷大海之滨。尽管庙址迁徙了数次，先是在乌雷岭上，后来一场飓风改变了这一状况，庙被风雨摧垮了，乌雷庙的香炉被刮得腾空而起，也不知飘向何方何处。等到雨停了，风止了，人们发现了香炉完整无缺地落到了现在这个位置，于是当地人顺应天意就在现在这个位置上建庙。明清时代的伏波庙经历了无数次的翻修、修葺。边境多事之秋，伏波庙对凝聚力量，唤起同仇敌忾，促进边疆稳定具有不可低估的作用。此地民间还有一个传说，当初香炉飞到此处，商议建庙之时，人们正为不知到何处寻找优质木料雕塑神像而发愁，浩荡苍茫的大海之上，突然漂来了一根巨大的樟木，惊喜万分的人们马上打捞起来，晒干之后，恰好足够雕塑44座神像。当然，这只是一种传说，但是传说也映现了人们的某种心理。1959年，伏波庙被夷为平地，听说当年庙里的44座神像都被扔进大海，神像漂浮在这一带的海面上，浮浮沉沉，久久不愿离去。人的行为，有时候比起一场狂风暴雨，有过之而无不及。到了1983年，人们自发在那片空地上，建起了一个不足2米高，不到2平方米的小庙，依然祭祀伏波将军。尽管很简易，很简陋，上雨旁风，但是人们对伏波将军的信仰始终没有泯灭。到了20世纪80年代，人们又开始重修和扩建伏波庙。于是就有了现在的规模，有了三进五间的格局，占地面积1625平方米，建筑面积近600平方米，几十座新塑的神像栩栩如生，铜钟、神鼓也安置得当，就连古老的掷杯茭起卦测命运这样的活动也恢复了。

  同行的朋友在掷杯茭，而我在沉思。因为是下雨天，庙里光线不是太好，幽暗的光中，若隐若现的神像的面孔，似乎在提醒着我，历史并没有真的过去。一回眸，两千多年前的那些真实的人，仿佛就在眼前，只不过他们戴上了神的面具。那些属于人类的善和恶，美与丑，猜测与信任，阴暗与光明……都没有走远。俄顷风雨至，骇浪滔天，都一如往昔。

  我在乌雷伏波庙廊柱下徘徊，体会到一种特别的宁静。听檐雨滴答，细思了自己与伏波庙的因缘。很多年之前，在环江朋友的引领下，我们一行数人登上了东兴镇中洲河畔的一座高高的岭，目的就是为了去看一块远近闻名的马援碑。上岭的路早已荆棘丛生，当地一个农民兄弟拿着一把柴刀，活生生地为我们开出了一条上岭的路。登岭到一半的时候，天空出现了一道彩色的云，仿佛一条腾空的龙，我们都感到很惊讶。后面我们到了岭顶，找到几块大石头，其中一块最高的石头上面刻有几个阳刻大字"汉马伏波寓此"，没有落款，也不知是何代何人所书。旷野之中，看到古人留下的摩崖石刻，我们又激动又振奋，纷纷站在马援碑前留影。那时我就知道，马援南征的线路中，并没有经过河池环江，但是为什么遥远的环江，东兴岭上会有一块马援碑？这说明马援在南方的影响力已经遍布了南方的山山岭岭。马援是在征五溪蛮时去世的，实现了他"死于国事"的夙愿。桂西北环江旧时亦为令统治阶级头痛的蛮地，诸蛮"作乱"之事时有发生。历史上的区希范反宋起义就是爆发于此。统治阶级极有可能是想借助马援的名号来震慑这一带山川，汉马伏波寓此，列位休要乱动！让正气驰声。久而久之，马援的精神已经融入山川，成为山川之正气，林壑之清音。

伏波庙再次触动我原来对明代王阳明的关注。王阳明当年做两广总督的时候，舟至郁江乌蛮滩，是一个夜晚，他那时病体缠身，当他听说滩上有马伏波将军的祠庙，旋即弃舟登岸，拜谒伏波庙。他发现庙里面的景象，很像他40年前的一个梦。他15岁那一年，游历居庸三关，考察山川大势，夜里梦见自己去拜谒伏波庙，并在梦中得诗一首："卷甲归来马伏波，早年兵法鬓毛皤；云埋铜柱雷轰折，六字题文尚不磨。"他这次在横县伏波庙的亲身经历，加深了他对人生宿命的理解，动情地写下了《谒伏波庙》："四十年前梦里诗，此行天定岂人为！徂征敢倚风云阵，所过同时雨师。尚喜远人知向望，却惭无术救疮痍。从来胜算归廊庙，耻说兵戈定四夷。"他到广西来，正是为了处理广西棘手问题，时主明英宗只能倚重于他。他用奇策安定局面，粤西顿时平静。然后，他开创书院，讲授心学，教化一方，弦歌不辍。跟马援相似，他也建立了奇勋，不但没有得到封赏，还遭遇不明之谤数十年。几年前，我终于带着我的儿子到横县乌蛮滩拜谒伏波庙，那是一座古老的祠庙，建筑很有气势，远看尤其震撼，号称是珠江流域建庙时间最早，规模最大，保留最完好的一座伏波庙。我在伏波庙发现了杜甫的诗句，这似乎寓示着他们之间可能也有某种神秘联系。后来我果然在杜甫的诗歌中发现不少跟马援有关的信息，这就说明马援在杜甫心目中是有重要地位的。比如他给朋友寄赠的诗中有云："勋业终归马伏波，功曹非复汉萧何。""南海残铜柱，东风避月支。""回首扶桑铜柱标，冥冥氛祲未全销。"南海铜柱，用的是马援的典故。在杜甫诗中，"铜柱"共出现了六次。后来在我的经历中又接触了几个跟马援有关的祠庙，比如桂林灵渠边上的四贤祠，邕宁蒲庙的五圣宫。都祀奉有马援神像，只不过没有单列。

在南方，伏波庙的修建、重建与许多重要的历史人物有关。他们以国家民族利益为重，在思想和情感上高度认同伏波将军的献身精神。他们认为打了胜仗，成就一番伟业，是与冥冥之中获得伏波将军英灵之助有关。我知道的有抗法英雄冯子材，镇南关大捷之后，他出资在钦州横山扩建伏波庙。苏元春，把伏波庙从越南境内的六林村迁回到东兴罗浮垌。

也许我们可以读懂历史，读懂人心，但我们仍然读不懂那场雨。那许许多多突然来临，又突然走失的雨。那潜藏在乌雷这个词语深处的两千年的雨。我们敬畏历史，更应该敬畏天地和大自然。

慢慢地，在乌雷的那一场雨中，我看到了马援的两种形象：一是作为真实的人的形象。各类史书如《后汉书》都有马援的形象；杜甫、刘禹锡、王由礼、唐愈贤、金虞、黄道周、曹雪芹等都写有赞叹马援的诗篇。二是作为神的形象。在遍布江河湖海的祠庙之中，他沉默，宁静，深邃，神秘，不可知。这些祠庙或簇新或斑驳，都香烟袅袅，牵系风雷雾雨。当然，马援是真实的历史人物，也是人们心目中的神。他从历史走到大地，又从大地走到天空，走到许多历史人物的梦境，也走到普通百姓的愿望里；他进入雷电虹霓之中，站在云端海浪之上，佑护一方平安吉祥。他与天地同在，共三光而永辉。可见，一种高贵的精神，永远照耀着人类精神的领空。

一个真实的生命，他的形象牵系着如此众多的大地上的事物，并且让这事物如此庄严并具有神性。这无论如何，都是一个奇迹！

何述强，仫佬族，广西罗城人，1990年毕业于河池师专中文系。2007年调到广西文联工作，历任《南方文坛》编辑部主任、广西文联文艺研究室副主任、广西作家协会秘书长，现任广西音乐家协会常务副主席。系中国作家协会会员、广西散文学会副会长、鲁迅文学院第九期高研班学员。先后在《民族文学》《散文海外版》《散文选刊》《山花》《长江文艺评论》《文艺报》等国内报刊发表作品一百多篇，作品入选国内多种图书及高职高专文学教材。出版有《山梦为城》《凤兮仫佬》《隔岸灯火》等文集。曾获第二届广西青年文学奖。

藏灵蕴秀坭兴陶

白 描

喜欢坭兴陶,由来已久。

30多年前,还在陕西工作的时候,朋友曾送一把坭兴壶,仿明古式龙蛋款。清吴梅鼎《阳羡茗壶赋》云:"圆者如丸,体稍纵为龙蛋。"传明代时大彬即有此款。龙蛋本为宜兴紫砂造型,传到坭兴壶这里,因为泥质细腻,打磨光滑,呈

坭兴陶制作　　　　　　（王廖科画）

古铜色泽,椭圆形线条,顺滑流畅,简约大方,殊为可爱。这把壶且用且养,已经有了包浆,20世纪90年代初调往北京,举家北迁,小心翼翼地把壶与其他几样陶器瓷器装箱,垫了厚厚的报纸,谁知托运到京开箱一看,那壶连同一只耀州窑梅瓶,碎为数块,那个心痛,一直持续了好多日子。

后来在北京古玩店买过一把坭兴壶,器型为东坡提梁壶,店主说是民国的东西,但知道那是做旧的,好在做工还算讲究,壶身刻字也有味道,算是在心理上有了些许补偿。

坭兴陶出自广西钦州,与江苏宜兴陶、云南建水陶、重庆荣昌陶,并称中国四大名陶。宜兴紫砂壶为我所喜,谈不上收藏,但家里也收揽了数十把,待见到钦州坭兴壶,马上觉出另一种妙味。宜兴壶所用的原料是紫砂泥,含砂量较高,成品呈现出紫而不姹、红而不嫣、黑而不墨,如铁如石,透气性好,有种天然质朴不事雕饰之美;坭兴用料则是钦江两岸的红土泥,东泥软为肉,西泥硬为骨,按照一定比例掺和使用,细腻筋韧,手感润滑,可塑性强,因而器型多样,便于发挥雕刻艺术。坭兴陶的妙处还在于会出现"窑变",坯体经烧制在原色的基础上会呈现出古铜、紫红、铁青、金黄、墨绿等多种色泽,以及天斑、虎纹等纹路变化,经打磨如晕如染地显现出来,煞是耐人品味。

曾去过宜兴几次,与那里几位陶艺大师交为朋友,但钦州一次也没有去过。今年国庆前夕,机会来了,应邀与几位作家一起前往钦州采风,参观三娘湾、中华白海豚科普馆、冯子材故居、刘永福故居等,尽在安排之中,当然,还有坭兴陶,到钦州不学习了解坭兴陶文化,等于没来。

进驻酒店吃完晚饭,我提议去街上走走,想看看坭兴陶。郭运德、徐贵祥、徐剑、杨黎光几位也早闻坭兴陶美名,立即响应。陈建功本来要和我们同去,可有人来看他,便叮嘱我们:明天专门安排了去看坭兴陶的生产制作,建议我们看看可以,不要急于出手购买。他对钦州熟悉,他的叮嘱我们当然重视。

出酒店一拐弯便有一家坭兴陶专卖店。进得里边,但见货架上、地上到处摆着各种器型的壶,品类繁多,却显杂乱,感觉上不是一家上档次的店。又沿街找,有家茶馆,展品架上的壶不错,徐剑看上一把"西施",想买,人家却只卖茶不卖壶。杨黎光拿起一把,捏起壶盖敲击壶身听响声,我悄声告诉他看壶不可以随便敲击,我说的是挑选紫砂壶的规矩,直到第二天,才知道坭兴壶与紫砂壶有所不同,挑选紫砂壶的忌讳在坭兴壶这里却不大介意,坭兴壶脆亮的钢音倒成为显示货品质量的一个标志。

第二天前往钦州坭兴陶有限公司参观。这是一家集坭兴陶工艺品研究、开发、生产、经营于一体的公司，是钦州市专为振兴坭兴陶这一具有千年历史的文化瑰宝而创建的一个实体，设有生产制作车间、大师工作室、产品展示厅、大中专院校陶艺习训基地、休闲陶艺吧等。早先见过的坭兴陶器，多是小件，有茶具、食具、花瓶、文房用品等，各有特色，在这里第一次见到巨制大器，眼前的天地灵气瓶、高鼓花樽、仙球瓶、龙纹君子钟等，均数尺高，有一尊大花瓶，竟高达两米。大凡陶器，烧制大型作品不易，因为坯料在烧制时收缩，很容易开裂或胎体变形，再是器型愈大，坯料自重也就愈大，在高温下能否承受压力而不致熔融坍塌，工艺上颇有难度。坭兴陶能烧制如此大器，实令人叫绝。

后来看资料才知道，坭兴陶烧制大器，早有传统。据民国《钦县县志》记载，民国九年在城东平心村出土唐刺史宁道务墓陶碑，初发现时已碎，后经水泥粘贴复原，"高四尺余之巨制，旁附藏陶壶一个，此碑刻有唐开元二十年字样……"负责民国十九年《钦县志》总编纂的林绳武从书法价值、史料价值及陶制价值方面评价了宁道务碑："寰宇坊碑，陶制已少，如斯巨制，尤所希觏，是吾钦先民陶业及书刻之程度也。"又说："吾国数千年志著录，未曾有千言以上之陶制，此志乃达千六百余言……乃中国第一陶制也，今国人渐知钦县陶产，远迈宜兴。"这是迄今在全国范围内发现的年代最久远的陶制墓碑。此碑的出土以及史志的记载，不光把钦州制陶历史推向1000多年前的唐代，而且那时已有陶器巨制，并且有1600余言的精美文字，可见那时钦州的制陶水平，已达到不一般的程度。

关于坭兴陶的知识，在这里算补了一课。年轻讲解员为了让我们了解坭兴陶的特点，敲击一只大花瓶让我们听声。杨黎光兄斜眼冲我一笑，似乎笑我的孤陋寡闻，我才知道坭兴陶与紫砂陶的不同所在，坭兴陶有骨有肉，骨挺肉筋，质地之坚实竟可发出金属般的铿锵之音。

坭兴陶的雕刻，是展现坭兴陶艺魅力的重要工艺之一。雕刻手段有线刻、平雕、圆雕、浮雕、镂空等，匠人们捉刀代笔，刀法老辣、古拙。另外还有线绘、绞泥、彩釉、金银丝镶嵌、描金等装饰工艺。刻填工艺也是坭兴陶的一大特色，艺人们利用具有很强可塑性的泥质，在器皿坯体上雕刻诗文和绘画，再在刻痕中填上另一种泥料，从而烧制出红器白花、白器红花，使坭兴陶在单纯古朴中体现出独到的匠心雅韵，与诗文绘画互映互衬，具备又醇又浓的文人味。

展厅里有销售柜台，徐剑要买壶，把这里当成了淘宝店，各色品种让他看得眼花缭乱，挑了这把又看上那把，问了价格直喊便宜，惹得徐贵祥、郭晋丽心里痒痒，也开始挑壶。杨黎光供职深圳已久，谙熟商业之道，拿眼直瞪徐剑，说他哄抬物价。徐剑诧异："可以砍价？"漂亮的售货员笑吟吟道："对你们是可以优惠的。"徐剑等大喜过望，挑三拣四，各得如意宝贝，入一旁茶席，各美其美去了。

在钦州，我喜得一把井栏壶。井栏壶是曼生"十八式"系列之一，陈曼生乃清代书画家、篆刻家，一日与紫砂艺人杨彭年自井中汲水煮茶，由井栏激发灵感而设计此壶型，由杨彭年、杨凤年兄妹亲手制作。井栏壶方中有圆，圆中有方，壶形简约美观，流畅大气，后世文人阐释此壶寓意学识有如井水，唯不停汲取，方能获得滋润，修身养性，故素来深受人们喜爱。我的这把壶身刻有"春满壶中留客醉，茶香座上待君来"，为钦州书协副主席邓立武亲自捉刀。邓立武书法作品曾入展全国第六届新人展、全国第三届兰亭奖尧山杯书法展、第二届中国西部书法展，获广西"巴马神"杯全区书法展二等奖、广西"冠亚杯"书法展二等奖、广西"八桂群星奖"二等奖、广西统一战线书法展一等奖。壶身草体刻字，恣意放达，神奇险峻，一如飞瀑流星。能得到这样一把壶，当然令我喜不自胜。

坭兴陶历史久远，经历了漫长年代，到了清咸丰年间，坭兴陶在传统烧制技艺中，融书画艺术于陶艺创作。史料记载一个叫作胡老六的钦州人，当过清兵，曾在江苏宜兴驻屯过，学习过紫砂陶的生产技术，回乡后用钦江岸边的红色黏土制作小烟具。尔后，经过工艺匠师不断改进，应用范围不断扩大，烟具之外又出现了茶具、花瓶、笔插等品类，由此以精雕细刻和神奇窑变闻名天下的高温坭兴陶工艺品行世。据台湾台北市印行的《钦县志》记载："清光绪二十九年，李象辰来钦做官，曾由官家开设坭兴习艺所，在其产品的底部有'钦州官窑'小方印。"广西壮族自治区博物馆收藏的晚清、民国时期制作的坭兴陶器有二十多件，其中一件风格独特的白泥纹瓶，瓶高29.8厘米，器底落阳文"钦州官窑"款。坭兴窑在历史上曾为官窑，当为不争的事实。

窑变、雕刻、填充、镶嵌、打磨，我觉得是坭兴陶堪供玩味之处，也是坭兴陶区别于宜兴、建水、荣昌等窑口的显著特征。相对于其他名窑，坭兴陶为匠人施艺、艺术家发挥创造才能，提供了绝佳的物质载体。

坭兴陶艺品已被中国工艺美术馆、北京人民大会堂、中国历史博物馆，以及新加坡、日本、韩国、意大利、法国、德国、美国、俄罗斯等十多个国家级博物馆收藏。我没有看过馆藏品，对陈建功说："回京后去工艺美术馆看看。"建功说："不必去工美馆，在北海就能让你看到，我介绍你认识一位坭兴陶大藏家。"

陈建功说的大藏家叫许维基。

早就听建功介绍过许维基。建功本是北海人，祖上与许家系世交，论辈分建功该叫许先生表叔。许维基先生出身于北海名门，祖上基业雄厚，年轻时即开始收藏，先是邮票，清朝大龙票、小龙票、红印花加盖票、慈禧太后六十寿辰纪念票、解放区邮票等，均有蒐集，如今市面上备受珍宠的80版猴票，他手中最多时竟有57版。后来陆续涉足近代北海海关历史、西洋古董、红色文化艺术珍品等方面文物文献收集。北海与钦州紧邻，20世纪70年代他开始接触坭兴陶，被其魅力折服，此后40余年里，他的足迹遍及大江南北，四海之内，为搜集古坭兴陶惟日孜孜，未曾逸豫。中国坭兴陶艺一代宗师邓敦伟评价许维基的收藏："许先生的收藏数量之巨大，种类之奇特，系列之齐全，技艺之精湛，特色之鲜明，保存之完美，品味之高雅，内涵之深邃，国内绝无仅有。"

由建功兄引见，我和中国文联副主席郭运德登门拜访许维基先生，北海作协原主席邱灼明陪同。进门就看见建功所作古风长歌《坭陶吟》，北海书法家书写，六尺长幅，置于厅内。此前的2017年，许维基先生把40多年的收藏心血——清至民国时期古坭兴陶转让给北海中信国安公司，共计1539件，大部分为稀世珍品。中信国安也有情怀有眼光，专为这批藏品建立了坭兴陶艺博物馆。

眼下许先生家里的藏品，皆为他近年搜寻购进，数量近百件，有清时的踏雪寻梅大花瓶、清代竹节双耳活环梅瓶、清代竹节卧读配诗壶，民国驴背寻诗瓶，民国元年烧制的与同盟会有关的文字纹花樽，民国摹元人笔意的高筒鼓肩松纹瓶，件件是精品。

他不紧不慢地给我们介绍那些藏品的身世来历，捧起一件竹节提梁壶，指着上边的刻字念道："民国四年，五月七日，国耻纪念，谨记勿失，国胞齐心，捐资出力，实用土货，富强指日。"第一次世界大战中，日本取代德国侵占中国山东青岛，1915年1月18日，向袁世凯开出了撤兵的条件，共有二十一个条件，史称"二十一条"。5月7日，日本向中国下最后通牒，这最后通牒是对中国的

极大侮辱，遭到举国声讨。这只坭兴陶壶，正是在这样一种时代背景下制作的，其文物价值，自不待言。

一件民国年代的长颈平足大花瓶，颈部勒一道环脊，刻有数竿萧萧风竹，通体灿然如铜，包浆厚实如壳。我实在喜爱，许先生从柜子里取出交与我，让我上手欣赏。一旁的郭运德一下子紧张起来，生怕我有闪失。许先生却笑道："不要紧，不要紧，器物正是有人把玩，物人一体，才赋予了生命的灵气。"

许先生儒雅彬彬，身上自带名士遗味。他的目光落到每一件藏品上，眼里都露出柔情，透现着欣悦、赞赏，也许还应该说带有某种恭敬。他欣悦和恭敬的是泥与土、水与火共生的精灵，是人世间的一种伟大创造，是天地造化的诗与歌，是人的神性——能工巧匠智慧与才能的灼灼光焰和不朽传承。

临别，许先生捧出两只锦盒，他要送礼物给我和郭运德。送我的是一把合欢壶，由他监制、坭兴陶艺大师龙拔标亲工。

合欢壶是曼生十八式之一，由上下两片泥料对接而成，壶型典雅精巧，线条顺滑流畅，柔中见刚，调和俊逸。行业里关于合欢壶的由来传有美谈：曼生在溧阳为官，上任伊始，便遇到运送"白芽"贡茶上京之重任。"白芽"乃是皇家钦点的名贵贡茶，须在清明之前作为十纲贡品茶中第一纲运至京城。曼生不敢怠慢，征集、挑选、包装，命人昼夜兼程，送往京城。"白芽"如期而至，龙颜大悦。消息传来，曼生甚是欣喜，设宴邀集幕客好友以贺。席间，曼生兴起，挥毫泼墨，写下"八饼头纲，为鸾为凤，得雌者昌"。好友郭通提议，何不造壶以载此喜，曼生心有所动。席间鼓乐欢天，乐手执大镲敲击，声音洪亮悦耳，曼生乃性情中人，从乐手那里要过大镲奋力合敲，欢喜之情溢于言表。大镲凹凸有致，合则响，合而美。这大镲的分分合合触动曼生灵感，遂以合镲为样，合欢为名，设计出合欢壶，以朱泥造之，通体大红，取皆大欢喜之意，风格绮丽，极富天趣。

许先生这把壶，在传统的合欢壶的器型上，加进了自己的创意，在紫泥壶身和壶盖接合处，镶嵌了一圈红泥曲肩，高凸的盖钮也是红泥，这自然凸显了坭兴壶特色，分外蓬勃提神。龙拔标题刻"心血为炉、熔铸古今"等字，大气刚毅，更为这把富有传统韵致又极具现代审美特色的合欢壶增色添彩。

如此厚礼，怎敢领受，可许先生执意相送。陈建功和邱灼明都说恭敬不如从命，我们接受后，心有惴惴，更多的却是喜出望外。

绝美坭兴陶,藏灵蕴秀,让我开眼。从南国回京,再读陈建功兄的《坭陶吟》,深有同感,兹引数句以志我对坭兴陶的欣爱:

> 天人共奇工,水火造化间。
> 光影夺釉色,莹莹尘不染。
> 气韵久沉雄,汉风复翩然。
> 幽幽藏古雅,熠熠动心弦。

2019年12月草于故乡泾谷山房
2020年4月20日改于北海观澜味经居

白描,作家,教授,文学教育家,玉文化学者。现任中国作家协会报告文学委员会副主任,中国报告文学学会副会长,中国作协作家书画院执行院长。曾任鲁迅文学院常务副院长,兼任中国传媒大学、对外经贸大学、延安大学等高校客座教授。作品曾获全国优秀报告文学奖,并多次获得十月文学奖、人民文学奖、陕西"五个一工程奖"等奖项。著有《天下第一渠》《苍凉青春》《荒原情链》《秘境》《人兽》《恩怨》《被上帝咬过的苹果》等作品。文学论著有《论路遥的小说创作》《作家素质论》等。

芦花在飞

冯艳冰

如果你是一粒种子或一株植物,你希望风把你吹到哪里呢?

齐白石说,愿风吹我到钦州。

在齐白石的梦里,钦州应该有这样一个村子……

钦州有荔枝,仲夏时节,钦州的街头巷尾摆满了待售的荔枝。那天,初来乍到的齐白石走到一个俏丽的荔枝女旁,问:我能尝一颗吗?荔枝女答:可以的呀!齐白石随手吃了,又问:再尝一颗可以吗?荔枝女答:可以的!齐白石又尝了一颗,接着又问:我再尝一颗呢?看着这位可爱的中年人,荔枝女笑答:可

大芦村　　　　　　　　　　　　　（王廖科画）

以。那天齐白石身上没带钱，可他从吃第一口开始就被这种香甜美丽的珍果迷住了。善良的荔枝女看出他的窘态，捧了一把荔枝递到了齐白石的手上。第二天，齐白石拿着一幅自己刚画好的荔枝图，来到还在那里卖荔枝的荔枝女旁，说：我用一幅荔枝画，换你一把真荔枝好吗？荔枝女虽不懂画，但她很喜欢这些画在纸上的荔枝，就答应了。齐白石以画的荔枝换吃的荔枝一时被传为佳话。日啖荔枝三百颗，齐白石一吃就吃了一个荔枝季。

齐白石问荔枝出处，荔枝女说，我家的啊……

你家在哪呢？

有芦花的地方，荔枝树长得最多的地方呗。

荔枝季过去了，荔枝女已回老家。在钦州写生采风的日子，齐白石正处于人生最苦闷的一个阶段，钦州的红荔枝，似乎在点燃他内心的那束火焰。齐白石做梦都希望再看到用荔枝换他荔枝图的荔枝女。那个结满了荔枝也开满了芦花的镶在这片大地上的村庄在哪里呢？

愿风吹我到钦州。

许如此心愿的齐白石已是晚年，且移居北京多年，他已经不能再远游了，坐在宽敞的画室里，此时他已为中国书画艺术界首屈一指的翘楚，其画已让京城纸贵，但他仍然想念那个用荔枝图换荔枝的浪漫故事和他要去的那个地方，那个夏季漫长、房前屋后都长满荔枝树，六月果实满枝头的钦州呢。瞧他的念想多轻巧多惬意啊，"为口不辞劳跋涉"，想象一阵由北往南的长风，把他托起往南方吹送，一直送到绿叶红果的荔枝树下，就是之前那位荔枝女说的飘着芦花长满荔枝的家乡吧，用他的画再与那位荔枝女以物换物。那一定是个完全被漫山遍野的芦苇掩埋着的村庄，一个被华盖般的荔枝树遮着罩着的村庄，一丛丛时断时续的村舍瓦檐，像浮在雪白的花海上的一片片树叶，飘啊摇啊，把人的心揉得软软的，碎碎的，只要一阵风就吹走了；忽起忽落的芦花雀，忽近忽远的牛哞声鸡犬声，忽闻忽逝的妯娌们的笑骂声，忽隐忽现的村姑的花衣裳，让人心旌摇荡；逢春霁秋雨天，淋漓世界，整个村庄有半截就埋在云里雾里，有半截就浮在云上雾上，整个地就像一幅不着丹青的大写意水墨画。

这不过是一个民间传说的演绎与遐想，但在南中国千岭万壑的丘陵地带，还真镶嵌着这么一个村子。

南方产珍果，都说广东的荔枝属上品，实际真不如钦州的好。隶属广西、偏于南疆一隅的钦州自然水果丰沛，钦州下辖的灵山大芦村则有"中国水果之乡的

水果村""荔枝之乡的荔枝村"的美誉。大芦村之初遍地芦苇,劳氏祖先择其芳地以建房舍,到清朝康熙五十八年(1719年),建成了功能齐全、气势恢宏的民居建筑群。先辈为了让后人铭记前人的功绩,遂取大芦村之名。以后,村民们在自家的宅前院后都种植了古陞木树、樟树和荔枝树,每当家族添丁,又必定依照当地习俗,栽种几颗品种优良的荔枝树。也因此,这里荔枝的果相及果质均属上乘,荔枝的品种多达上百种。大芦村离钦州一百里地,不远,如此钟爱荔枝的齐白石是否造访过"荔枝村"。

"愿风吹我到钦州"?白石老人,您还不如直接到这荔枝村来呀。这儿村里村外,从山坡上、水岸边、田埂旁,到农家的庭前院后,满目果树葱茏,一年四季花果飘香,您可随自己之意,择一户而居。这儿良田万顷,人丁兴旺,四千多口的大村子啊,哪家都是高门大户,哪家都钟鸣鼎食,哪家都欢迎您,每位村民都是您的朋友。钟爱荔枝的齐白石,您就在这儿住下来。清晨起床,来碗小米粥?再来半杯大芦村家家都酿的荔枝酒?这果酒清香醇厚,度数不高,生津止渴,理气益血,正适合您这年纪。用罢早餐,您脸色慢慢地红润开来,精气神也足了,这会儿还真不忙着去作画,您到村子走一走。村子有三百多亩地呢,先到最早的祖屋镬耳楼转转,再到那颗有上百年的荔枝树下与村里的长者老者聊聊天。有了年纪的人多半喜欢讲古,他们会告诉您,大芦村啊建于嘉靖25年呐,嘉靖皇帝在位时间仅次于万历皇帝。讲古的老者慢悠悠地捋胡子清嗓子,就有绕膝的儿孙不满太爷爷的慢条斯理,打开手机,问了度娘,把答案直接念了出来:史学家们都给予嘉靖帝一个不错的评价,认为是一个经济非常活跃的、农业技术和生产发展的、纺织品和手工业生产大规模发展的时代。如果您真去了,您可就都听进去了,知道大芦村正是在这样的大背景下兴建而起的。瞧眼下,虽说是村子的称谓,全村却是分了九个大的园区,极尽明末清初岭南豪宅的建筑风格之能事,气派得不行、豪华得不行。

到过两次大芦村,都是陪着友人在暮色将晚时分赶圩一般匆匆走过。那时太阳已经偏西,光线已由原先锃亮的高光过渡为昏黄的暖色,斜斜地打在乌瓦灰墙上。偶一抬头,看到许多细碎的金子在几百年的瓦楞上蹦跶着。五千年的文明古国啊,乡间藏有多少这样的古村落呢,它们把旧时光凝固在门楣回廊上,五千年的文明信息也基因一般地镶嵌在一砖一瓦里,它们仿佛人间的舍利子,在看不见处总传递幽微的能量。

芦花在飞。

芦花整个地就是诗一般的生灵,它把魂儿留给了这里的人们,家家户户书写悬挂的修身、持家、创业、报国之楹联牌匾——"求名求利,须知求己胜求人""读书好,耕田好,识好便好""创业难,守承难,知难不难"——这些句子都深入浅出、耐人寻味,浸润了一代又一代的大芦村子民,使乡亲邻里同感共染,让人们能诗意地栖居。大芦出书生、举人、贡士、进士;不出状元也罢,都可以以文自居了。三百多副牌匾楹联,也为天下一绝;这是个读书的村庄,这个传统,从古至今,传了几百年,后来的读书人都得要朝拜它。

白石翁到过那里吗?

冯艳冰,《广西文学》编审、副主编,广西评论家协会副主席。出版有《〈红楼梦〉与为人处事》《名编访谈》等文化随笔集。

天　物

徐　剑

1

那天他走进三娘湾的海豚博物馆，边走边看，到了一个大屏幕前。解说员说，请观看钦州白海豚影像。一叶轻舟从椰树林驶来，划了一个优美的弧线，晨曦中，浪花如练，挟着南海的朝阳，通红通红的，一片红灿斜射下来，照在一个男人的身上。风掠起，吹动白发雪飞。他定睛一看，伫立于船头的男士，那不是暌违多年的老朋友潘文石吗？他惊呼，潘教授怎么来了广西钦州，他不是在保护广西崇左的白头叶猴吗？已经来钦州多年了，陪同人员告诉他，中华白海豚能够生存下来，且种群日渐扩大，与潘文石的研究呼吁功不可没。

哦！原来如此。他说，潘教授就是这样的保护神，每到一地，必救一稀世天物。他回忆起第一次见潘教授的情况，是20世纪90年代初某一天，潘教授带着研究生吕植在秦岭佛坪做大熊猫保护工程。他的一个朋友，也是吕植的发小，赞助了潘教授的项目。那次采访的地点在首都展览馆后边一家酒店。彼时，潘教授年近五旬，操一口广东普通话，温文尔雅，一下子便吸引了他的目光。那天潘教授侃侃而谈，说佛坪大熊猫是从四川过去的，岷山的箭竹开花了，大熊猫没有吃的，就千里迁徙，往秦岭深处佛坪县迁移。偌大一个家族大熊猫，有一百多只，那种憨态可爱，令潘文石找到一个神兽，稀世的，一如天上掠过的一只只神鸟朱鹮。彼时，潘教授的体力很好，带着学生吕植，一天要走十几公里，一路爬山，渴了，掬一捧山泉水；饿了，就是冷馒头就咸菜疙瘩。晚餐，坐在老乡家的火塘边，烧几个土豆。年复一年，将佛坪大熊猫的栖息地调查清楚了，建议政府保护。那天潘教授的讲述，抢救一只大熊猫的故事，令他动容。因为岭上的箭竹开花了，大熊猫没得吃了，便往山下走，一只三岁大熊猫闯到峡谷边上，离村庄不远了，踩到猎人下的夹子，动弹不得，待了好多天，被铁夹锁住爪子化脓了。大熊猫痛得惊叫，将整座山都喊颤了，喊出了回声。终于，唤来了潘文石和吕植，恰好路过此地，便一步一步地爬上来，抵近受囚多日的大熊猫前观察，发现脚被猎人的铁夹夹住了，无法动弹，再不救就会有生命之忧。于是，他们回到乡里，找来一群农夫，扛着木杠子，抱着一堆麻织的网，还带来铁钳，朝被困熊猫的地方爬去，从早晨爬到中午，一步一步靠近了。那天，潘文石第一个走近那只大熊猫，与它眼睛对视瞬间，发现那玻璃珠般瞳目，闪动的是哀怜之神，再无一点野性与敌意。那一刻，潘教授一阵酸楚，一泓泪水掉了下来。于是，潘教授转身，向后边招手，农民都围过来了，铰断铁夹扣，又是用绳捆，又是网兜兜，七八个人用木杠相抬，将那只奄奄一息的大熊猫抬回村里，请来兽医，打针，消毒，治疗化脓的伤口，砍来大捆箭竹，养了一个多月，伤口愈合了，放它归山，并在脚上戴一个追踪的电子环，然后找一个天晴景明的日子，放生，放回大熊猫的栖息地。走出笼子后，大熊猫向上爬，快要消失到箭竹中时，突然回眸，向潘教授和他的学生，还有伫立于山坡上的农民，三次点头，算是作揖吧，就此别过。

那年他三十出头，脚踏两条船，一条文学轻舟，一条仕途之船。想双栖而为，相彰得益。蓦然发现，一个人一生只能做一件事，一如潘文石的一生宿命，就是动物保护。而他呢，那一年，仕途折戟沉沙，幸好，还有一叶文学扁舟，横在莲花坞上，渡他蹈海，过万重山。

2

他登上一条快艇，往三娘湾去看白海豚。那天，穿救生衣时，他笑了，上善若水，这一生中，他最忌惮就是大江大海。五岁时，在家乡宝象河边，大表姐带他去游泳，一把将他拽向水深处。河水漫过胸脯，漫过脖子，淹没了头，吃了好多口水，差点卷进漩涡，冲走。表姐大他七八岁，见他快被湍流带走时，一跃入水，将他拖了回来，看他吓得哇哇地直哭，表姐与一群女孩笑得特别开心。回到家中，病了好多天，三寸金莲的小脚外婆，领着他，胳膊夹几把稻草，临河边为他喊伴，喊魂，再一路点燃一堆堆稻草火堆，照着他的魂魄回家。后来，大表姐

到外婆家,便被小脚外婆骂了一个狗血喷头,说你个臭丫头,差点将我的心肝宝贝淹死,这可是我家的上等兵啊。那个年代,家里门上,贴着一对骑白马的门神,就是两个持枪的上等兵。外婆一语言中,他当了四十四年兵,终于来到了钦州三娘湾,穿上救生衣,朝海中驶去。此时,他已再不怕水。他在等待,待秋阳海波平时,一条又一条中华白海豚跃出水面。

　　来了。船上不知谁喊了一声。他极目前方,浪花尽处,一条白海豚跃出水面,一个猛子扎入海里,白影拽着一个个连环幻圈,在他视野中掠过,白衣长袍,博带袂袖,像谁?他的想像雷达在扫描记忆,反复比对,寻找喻体物相。屈子,屈子是也。那一年,他去过汨罗江边。下榻酒店可观江景,早晨江雾迷茫,他溯汨罗江而上。朝霞破雾裂罅,金针般刺眼,眼前一晃,明明看到了屈大夫往着汨罗江纵身一跳,然后沉下江水,溅起一柱柱波浪,然后屈子之魂被众鱼所架,顺江而下,入洞庭,进长江,出东海,变成了一只白海豚,游进了南中国。念念不忘他的郢都,心心念念他的故国,故乡不可望兮,唯有痛哭,他游到了钦州,游至了三娘湾,这里离他的故国郢都最近。瞧,又一只白海豚跃起,入水,撞起千重浪,他从望远镜里看过去,豚眼带泪,是屈子的泪水吗,他不知道!

3

　　他知道与潘文石教授失联好多年了,潘教授是否还记得他。他写的那篇文章刊在《科技潮》上,北京科委旗下一家杂志,自此,他们就再没有见过。

　　那天晚上,他写得有些累了。女儿喊他一起看纪录频道,正在播一部白头叶猴纪录片,是他当兵第一站下车的地方,广西桂林。石山隆起,圆圆的,其流线像馒头,更像水蜜桃般的乳房。远远看过去,山间树不多,多为灌木丛,有猴子叫声,纵跃于林间。一个老人现于屏幕,一群一群的白头叶猴闪电般跳过林间,围拢过来。

　　记者给了一个特写镜头,啊!他一惊,与白头叶猴在一起的竟然是他熟悉的潘文石教授。已经暌违多年了,差不多有十五年了。如果没有记错的话,潘教授与他妈妈同庚,七十有余了,还在做稀世动物的保护,对着镜头讲白头叶猴,依旧春风大雅,说话的声调不高,娓娓道来,语速不快不慢,还是一副从容不迫状。他怎么从秦岭下山,来到八桂大地?

广西得名于岭南西道，春秋战国时，就隶属楚国。到了秦国大将马援远征桂林郡，平定岭南，这里才成了秦帝国疆域。改为大秦南越一个郡，其势力范围，远及安南。

潘文石没说什么时候离开了秦岭，但他知道，他一定是沿着当年马援开拓的秦皇驰道过来的，只是五尺道变成高速公路。潘文石教授说，佛坪的大熊坪已成大气候，他的学生吕植，都已经成了知名学者，出了好多成果，纵横国际讲坛，他垂垂老矣，可还想挑战自己，再选一个稀世之珍，遂看上广西崇左的白头叶猴，因为周围开采石场，村庄连缀，道路纵横，白头叶猴的生活圈被大大压缩，迁徙通道被切断，蜷缩在一座石山，变成一座孤岛。于是晚年的潘教授带着北大生命学院的学生，来到了崇左白头叶猴国家级自然保护区，住了下来，开始了对生物圈越来越缩小群白头叶猴研究、保护。这一来，他就再没离开过广西。

那天晚上，他盯着崇左的白头叶猴，感叹这才是真正美猴王，这是他见过天猴神兽最美的两只，一只在他老家云南维西县原始森林见过滇金丝猴，再一只就是白头叶猴，美猴王变脸了，红脸变成了黑脸，长长的白发冲天而冠，像棉花糖一样环镶脸庞，黑脸庞上，隆起一个高鼻子，大眼睛炯炯有神。潘文石多有福，别了憨态的大熊猫，又找到一群美猴相度暮年，幸哉。

4

那天他来钦州前，做过功课。游弋于钦州三娘湾的中华白海豚，最早生活珠江口一带，在大唐年代就被发现了。它属于鲸类海豚科，是哺乳动物，与人类一样有恒温，用肺部呼吸，怀胎产子也是用乳汁哺育幼子。大清年代，常常从钦州游到了珠江口，渔民唤它为卢亭、白忌和海猪。他觉得广东佬没文化，怎么可唤白海豚为猪，它们是真正的稀世之珍，中华美人鱼。

他伫立于船头，远眺一头一头的美人鱼跃入海中。斜阳西下，阳光从云罅中投下一个长长光带，金黄渐红。白海豚出水，变色带彩，一跃海面，他想是南海观音凌波吧，还是离此不远的九疑山下的两个妃子，寻夫而来，见夫君已经梦蕨，故双双投海而亡，两只亡魂鸟，飞山过江而来，落入钦州。抑或是北魏建安七子曹植写的《洛神赋》中的宓妃吧，他笑了，到底是文人墨客，想象的坐标总离不开风流文章。一串串句子浪拍而出，翩如惊鸿，宛若游龙。碧波丹心，一跃成仙子，若轻云可蔽日，像流风可回雪。他被这一只只飞身入海的中华白海豚惊呆了，心中遽跃出现曹子建的句赋体："六龙俨其齐首，载云车之容裔，鲸鲵踊而夹毂，水禽翔而为卫。"

这形容的是白海豚吧。白衣仙子，恍如天物，美神？太雅了，他摇了摇头，发什么酸呀。捂嘴一笑，文人的老毛病又犯了。

2020 年 1 月 5 日凌晨写就，改定于剑雨斋

徐剑，汉族，云南昆明人。火箭军政治工作部文艺创作室原主任，中国作协全委会委员，中国报告文学学会副会长，国家一级作家，享受国务院特殊津贴，中宣部全国宣传文化系统"文化名家暨四个一批人才"。著有小说、散文、报告文学、电视剧剧本，先后出版"导弹系列""西藏系列"的文学作品 700 万字，代表作有《大国长剑》《原子弹日记》《大国重器》《导弹旅长》《麦克马洪线》《东方哈达》《坛城》《祁连如梦》《经幡》等 27 部。曾三次获中宣部"五个一工程奖"，两次获"中国人民解放军文艺奖"，并荣获"首届鲁迅文学奖""中国图书奖""中华优秀出版物奖""中国好书奖""全军新作品一等奖""飞天奖""金鹰奖""中国作家出版集团优秀作家贡献奖"等三十多项全国、全军文学奖，被中国文联评为"德艺双馨"文艺家。

浦北香蕉

朱山坡

小时候,有一个媒婆经常上门给我堂姐介绍对象。堂姐长得漂亮,可以用貌美如花来形容。远近的媒婆川流不息,踏破了堂叔家的门槛。但要么是堂叔看不上,要么是堂姐不同意。这个媒婆已经第八次踏进堂叔的家门了,给堂姐介绍第八个对象。前面七个,有三个过了堂叔这一关,但都入不了堂姐的法眼。堂姐实在是太挑剔了。村里的人都这样说。

"我能不挑剔吗?是我嫁人,又不是你们!"堂姐深知嫁人不是儿戏,村里的女孩们嫁错了对象为生活奔波劳碌,过得像一条母狗,如花似玉的年纪嫁出

香蕉园　　　　　　　　　　　　　　（张光裕画）

去,不到三五年便变成了黑黑瘦瘦的黄脸婆,除了身后多了几个孩子像尾巴一样跟着、沾着,想甩也甩不掉外,什么也没捞着。

但这一次,媒婆吸取了教训,给她介绍的对象不一样,不是附近村落的,也不是本镇或邻镇的,甚至不是本县的。那应该是广东的,广东人门路多,生活过得相对比较好,堂姐希望是广东的。

但也不是。

"浦北的。"媒婆说。

堂姐和堂婶惊讶地面面相觑:"浦北在哪里?"

媒婆费了差不多一顿饭的功夫才将浦北的地理位置和交通条件说清楚,堂姐和堂婶也才似懂非懂地说:浦北没有问题,嫁人不是嫁县。哪个县都不重要,重要的是家境。家境不好的话即使嫁到北京又怎么样?在北京靠涮厕所啃馒头为生,还不如嫁个阔绰一点的乡下人。

堂姐和堂婶说得真透彻,因为想得透彻。

"男方有三十亩香蕉!"媒婆说。

堂姐和堂婶同时眼放亮光:"三十亩?"

媒婆坚定地说,明年还要扩种十几亩!

还没有见过男方的面,哪怕照片,甚至还没有问清楚男方的长相、年龄和性格等,堂姐和堂婶已经答应了:"只要男方没意见,下个月就可以订婚了。"

我们都知道,香蕉是好东西,能换钱。香蕉种得越多,就能换越多的钱。我们村里,我家,也种了一些香蕉,也赚了一些钱,但都是小打小闹,一家最多也就种三五亩。而且,我们村人多地少,一家最多也就五六亩地。当听说"三十亩"时,她们都仿佛受到了惊吓,但哪怕惊魂未定,她们也能迅速准确地估算出"三十亩"每年能带来多少银两。

堂姐出嫁那天我才第一次见到堂姐夫,黑黑瘦瘦的,腰板挺不直,左肩膀比右肩膀低,脑袋又小又扁,在我见过的堂姐相过的所有对象中,他是长相和体格最不给力的一个。村里的人甚至说:"他那身体能护理三十亩香蕉?"

他们多虑了。堂姐夫虽然瘦小,但精明能干,雇了三个长工管理他的香蕉园,堂姐嫁过去后,更是添了一把干活和经营的好手。一年后,堂姐夫妇给村里送来了一麻袋香蕉供乡亲品尝。

当打开麻袋时,一股香气扑鼻而来,剥皮入口,大伙赞叹不已:"堂姐的香蕉怎么这么香?"

是的，堂姐带来的香蕉比我们自己种的香蕉皮薄、肉嫩，香甜得多，而且表皮漂亮干净，金黄金黄的，尤其是它的身材，圆润、饱满、修长，弯度合适，像一个个身材高挑、脸容姣好、晶莹剔透的小美人，跟我们村自产的香蕉放在一起，简直是鹤立鸡群，让人舍不得将它们的皮剥脱，舍不得将它们一口吃掉。

堂姐骄傲地说："这是著名的浦北香蕉，像香港一样有名。"

小孩子吃过香蕉后赞不绝口："浦北香蕉像香港一样香！"

这是我第一次见识浦北香蕉。从此"浦北"像高州、化州、信宜一样变得赫赫有名，威风凛凛，而浦北香蕉让我们村的香蕉相形见绌，村民们感觉这些年活白干了，蕉白种了，如果不是堂姐嫁到浦北，根本就不知道世界上还有那么好吃的香蕉。堂叔是村里的民办老师，他说：当年昭君出塞，从西域带回来香蕉品种，中国才有香蕉。现在，阿秀嫁到浦北，也可以给我们带回来浦北蕉苗。他的意思是说，堂姐阿秀嫁浦北的意义堪比当年昭君出塞。大家纷纷恳求堂姐把浦北的蕉苗引进到我们村，他们迫不及待了。

后来我才知道，堂叔关于昭君从西域引进香蕉之事纯属胡说八道。香蕉起源于亚洲南部，原产地是东南亚，包括中国南部，其中心可能是马来半岛及印度尼西亚诸岛。目前在马来西亚的森林里还可找到香蕉的野生祖先。我国是香蕉原产国之一，也是世界上栽培香蕉历史最悠久的国家之一，有两千年以上的栽培历史。

大家摩拳擦掌，跃跃欲试。堂姐没有立即答应我们的请求，而是请我们先去浦北参观一下香蕉，见识什么叫规模种植，如何护理，如何经营，那边的人们是如何靠种植香蕉发家致富的。第二天，村里十几号人跟随堂姐到镇上后乘班车到县城，然后辗转到了浦北福旺镇。因为我跟堂姐从小关系好，她点名让我跟随她回浦北。

费了很大的周折，我们才到达堂姐家。浦北跟我们村不一样，这里靠近海边，地势平坦，土地肥沃。一路上，我们对几乎一望无际的香蕉林惊叹不已。长势茂盛、亭亭玉立的蕉树把大地变成绿油油的一片。宽阔的蕉叶遮风挡雨，在烈日下傲然招展。堂姐家的香蕉园真有三十亩之多，我从东头穿越到西头，足足走了十分钟。蕉树上挂着硕大的蕉果，每一串蕉果的长度堪比我身高。然而，蕉树并不高，蕉果差不多跟它等长，蕉树自身无法支撑蕉果，像一个个生养了众多孩子的母亲无法承受生命之重一样，每一串蕉果都必须借助一根木条苦苦支撑。

"如果风调雨顺，今年又是一个好收成。"堂姐说。

在这里，所谓的风调雨顺，最重要的是没有快收获的时节遇到台风。台风经常光顾，像强盗一样。台风一来，香蕉园便犹如大象闯进瓷器店，几乎所有的蕉树都被刮倒，蕉果便夭折了，一年的辛苦便随风而逝。

我们村里来的人在堂姐的香蕉园里流连忘返，仔细观察，咨询堂姐夫如何护理蕉树。因为祖祖辈辈种植香蕉，堂姐夫年纪虽轻，却已经是香蕉种植的专家了，他有问必答，有理有据，答案令人信服。他们对堂姐夫刮目相看。在堂姐家两天时间里，我吃了无数香蕉，仿佛把一辈子要吃的香蕉都吃完了。这些香蕉，清甜可口，唇齿留香，饱食不厌。我尝试着各种吃法，大口吞，小口啃，用牙齿噬，用嘴唇吸，用舌头舔……像酷暑天吃冰棍，食相销魂。大家都笑我快要被香蕉撑死了。可是，我对这些香蕉消化特别好，吃得多，拉得也多，大便顺畅，痛快淋漓。

我喜欢浦北的香蕉和香蕉林。我跟堂姐说要留下来，将来当一个像堂姐夫一样的蕉农，拥有属于自己的三十亩香蕉园。堂姐说，蕉农也是农民，很辛苦的，还是读书好，你必须回去好好读书，将来考大学当干部。

我听从了堂姐的劝告，跟随他们回家。村里的人从堂姐家带回了好些蕉苗，种到自己的田地里。第二年，这些蕉苗长高了，长壮了，结了果，但这些"浦北香蕉"到了我们村，也许是水土不服，蕉果没有堂姐家的甜香，皮也厚些，还带有酸味。村民们有些沮丧，雄心勃勃的香蕉园计划就此搁浅。要想吃到世界上最香的香蕉，只有等堂姐从浦北来。

因为农活太忙，又生了孩子，堂姐回来探亲的次数越来越少。但每次回来，她总要带些浦北香蕉给我。我总是如获至宝，舍不得跟别人分享。这是我最喜欢的食物，它的味道强势地刻在我的脑海。逐渐地，堂姐的形象越来越模糊、生疏，一想到堂姐，总是从脑海里崩出"浦北香蕉"，把堂姐变成了一个慢慢淡去的背影。

终于，"浦北香蕉"取代了堂姐。

朱山坡，1973年8月出生，广西北流市人。写诗兼写小说。出版有长篇小说《懦夫传》《马强壮精神自传》《风暴预警期》《南国佳人》，小说集《把世界分成两半》《喂饱两匹马》《中国银行》《灵魂课》《十三个父亲》《驴打滚》《蛋镇电影院》《陪夜》等，曾获得首届郁达夫小说奖、《上海文学》奖、《朔方》文学奖、《雨花》文学奖等多个奖项，有多篇小说被改编成影视作品。现供职于广西文联，为广西作家协会常务副主席。

五皇山之旅

琬 琦

从三娘湾到五皇山，从大海到高山，我们用了一天一夜的光阴。这当中既有海边的流连，也有钦州城中的一夜歇息，还有路途中的奔跑。

好在有先生陪我。这是己亥年小暑之后、大暑之前的浦北县龙门镇，我和先生在欲雨未雨的闷热里，渐渐行入山林深处。

猴子藏在密林深处，感觉正午时分的空气很湿润——太阳还不愿离场，雨水在云层间犹豫着藏还是露。步道两边的植物绿得越发沉重，像困意来临。野芋

五皇山　　　　　　　　　　　　（王廖科画）

叶、长叶铁角蕨、红马蹄草、乌毛蕨全都半睁着困怠的眼睛。一丛丛芭蕉树站在野草丛中,长长的阔叶子一动不动,似乎已经睡着了。哦,听说浦北县是中国蕉乡,这芭蕉树果然多得随处可见。可惜尚未有芭蕉成熟,这让猴子略感遗憾。只有知了在叫,叫得懒洋洋的,唱着催眠曲一样。一坨坨浑圆的石头,紧紧地挨着身边的植物,做着恬然的梦。在梦里,薄薄的苔藓放肆地爬到石头身上,将它们仔仔细细地包裹起来。

　　猴子看着我们像所有的游客一样,默默地往山上走着,间或停下来阅读路边的指示牌。"金童溪""玉女溪""圣女泉"……是了,我一路听到细碎的流水声,像一群被警告过不许大声喧哗的少男少女,踮着脚尖在灌木丛里奔跑而过,衣袂和树叶带起一阵微风。水流偶尔离开乱石和藤蔓,呈现在我们眼前。它们带着清凉的轻风,从高处跌落,却依旧温柔清净,并不刻意制造出惊人的声势。

　　只有猴子是活跃的。两三只猴子结伴从树丛里蹿出来,拦在步道上。猴子正对着我们,看到先生拎着一把折伞,我拿着一瓶矿泉水,两人已走得浑身汗湿。它们大抵很失望吧,偏着小脑袋左右看看,便跑远了。芭蕉树被惊醒了,摇晃了好一阵。林间簌簌地吹出来一阵风,雨落下来了。

　　先生打开了伞,我们并肩挤在伞下,站了一会儿。眼前恰巧是水帘洞,像珠帘一样垂下来的瀑布,随着雨势转大,眼见着渐渐连成牛绳。

　　我们又走了一段。雨点打在伞上,沙沙沙,唰唰唰,啪啪啪。落在脚边,又溅成水沫往我脚上扑。风变大了,雨斜斜地扑进来。抬眼望去,山林醒过来了,植物们都在雨里摇摆起来。芭蕉树还很镇定,只轻轻抖动着叶子,把被雨唤醒的草木气息、泥土气息送了过来。我挽着先生的手臂,他努力平衡着雨伞,寻找最佳的挡雨姿势。仿佛整个世界都笼罩在一片白茫茫的雨水中,这把雨伞便是一弯苍穹,让我们在雨中走出了一种相依为命的感觉。

　　幸亏稍作歇息之后,雨停了。越往上走,游客越多。步道旁边时不时会出现警示牌,上面写着"猴子伤人,请勿打逗,请勿靠近",还画了一只四肢着地、尾巴高高翘起的猴子剪影。偶尔会出现一两只猴子,站在步道边眼巴巴地看着游客。没有人逗弄它们,也没有人给它们喂食。我尽量目不斜视地走过,心里总为自己没带食物感到有些抱歉。

　　雨后的山林,到处都湿漉漉的,每一片草叶都反射着一层薄薄的水光。红椎、樟树、紫荆木、八角、黑橄榄、无花果……这些亚热带阔叶林树长在一起,树干大多细瘦挺拔,保持着恰当的距离,一起向天空伸展。间或传来几声明丽婉转的鸟啼,挑起湿润悠长的回音,但看不到鸟的身影。

鸟儿也是躲在密林深处吧。它一定知道这座大山,愈往高处,林木愈矮,水声愈细,石头愈大。这些散乱在溪谷边、横卧在树林里的岩石都是花岗岩。两亿多年前,它们也曾是柔软炽热的岩浆,在地底深处无声地流动着,最终凝固成坚硬粗糙的石头。两亿多年!如此浩大而沉重的时间,已经超越了我们的想象。在这些沉默的大石面前,道一声沧海桑田,都觉得过于轻佻。不知道要经过多少个沧海桑田呀!这些原本沉默于地底的花岗岩才能从黑暗中浮上地面,然后在强烈的风化剥落和流水切割作用下,沿着节理崩裂、滚落,并被打磨成许多大小悬殊的石蛋,遍布在沟谷中。

水声渐渐消失了,那金童溪、玉女溪的源头不知隐于何处,连鸟儿的鸣叫也消失了。上了一段陡坡、拐过一个急弯后,我们似乎走到了步道尽头,被几块巨石挡住了去路。三块黝黑色的大石头垒在一起,极其形象地组成一个"磊"字。上方一块大石压顶,下方两块巨石之间,有一条缝隙,大小堪堪能容一人通过而已。游客们鱼贯而入,我和先生紧跟其后。

陶渊明笔下的渔夫穿过山的小口发现了桃花源,我们穿过这道窄门,也就五六步光景,便到了门外,顿时豁然开朗。原本绵密茂盛的树林不见了,呈现在眼前的是一大片横亘了两个山坡、沿着山势起伏的高山草地。草地上或三五一群、或独立成峰地堆着外形各异的黑褐色巨石。它们有的像房屋,有的像官帽,有的像巨蛋;有的像一朵刚刚绽开的花,有的像被利剑从中间劈成两半;有的像精心设置的平台,四平八整;有的则像小心翼翼地搁上去的不倒翁,摇摇欲坠。最引人注目的是一条高六七米的圆形石柱,顶部断裂如冠状,形态上酷似男人性器,故名"南阳石"。

山风浩荡,直吹得我身上的长裙飘飘扬扬,这些花岗岩大石却岿然不动。五皇山,低处尽是柔美纯净的溪水,命名也多与女子有关;山顶上却分布着这许多雄浑的巨石,阳刚气十足。五皇山的传说之一,便说是山下村寨的女儿出嫁,都要来山顶上朝拜这南阳石,以期早生贵子。据说有女子朝拜得勤,竟一连生了五个儿子,五皇之名因此而来。几个女游客许是有此心愿,一番你推我让之后,都面带羞涩地对着南阳石双手合十,低头轻声祈祷起来。

这些石头远看线条光滑圆润,走近了才发现它的表面非常粗糙。很多人手足

并用,爬到相对平整的石头上做各种搞怪动作拍照。在先生的拉扯帮助下,我也笨手笨脚地登上一块大石,四处张望。只见我们的来处,那条顺着山坡向上蔓延的步道上空,飘飘荡荡地升起一大片薄薄的云雾。云雾越升越高,越变越薄,如丝如缕般,一点一点地被风抽离了,吹散了。再低头看,又有新的云雾升起来了。它们从山谷往上升,你追我赶,缥缈悠然,像一列步态轻盈的仙女赶往天庭呢。往远处看,在南阳石前面,是一大片稍微低矮的群山,无边无际地向天际铺开。这些青黛色的群山,被一团团大大小小的白云遮盖了。藏在群山之中的小小村落,就在如纱如缦的云朵下面隐隐约约地闪现着。我们并肩坐着,眼看着一朵朵白云飘动过来,又飘离远去。身下的石头便成了一叶扁舟,渡我们在这苍穹之海。山风微凉,把日常生活的琐碎烦恼一点点吹远,我们便成了神仙眷侣,俯看着人间。

转过身去,看往另一个方向,也是一片碧绿的山脊,山脊几乎等高,几十架风车正在云朵下面缓慢地转动着。这些都是发电用的电力风车,我曾近距离地观察过这些庞然大物,仅仅是它的柱子,就像一栋摩天大楼那样宏壮。但现在,因为我们坐得高,离得远,这些电力风车都显得小巧玲珑,那细长的叶片、挺拔的杆子,好像是精心安置在绿色山头上的玩具风车,把人带入童话世界。

山风经年累月地朝南阳石的方向吹着,它面向山谷的云海而立,其他石头跟在它的身后,好像是一群小兄弟崇拜地望着他们的带头大哥。五皇山另有一个传说,古时候,因合浦经常发生海啸,百姓流离失所。玉皇大帝怜悯苍生,便令仙童赶石填海。仙童将这些巨石变作牛羊,赶往海边。玉皇大帝叮嘱仙童一定要在鸡鸣前将石头赶到海边,不然鸡啼时分,这些"牛羊"将纷纷恢复石头身,动弹不得。五皇山的土地爷嫉妒仙童的才能,在仙童路过的时候,提前让方圆十里的鸡都叫起来。仙童以为天亮了,就和石头们一起留在了五皇山。我比较喜欢这个传说,一个小鲜肉赶着大批牛羊在空中腾云驾雾,多美呀。土地爷"半夜鸡叫"之举倒不一定是出于私心,他既是这里的土地爷,行事先为这里着想,也是正常的嘛。想象一下,这五皇山上若少了这一批石头,自然是逊色不少呢。尤其是少了据说是仙童化身的南阳石,山下的姑娘又该去哪里求子呢?

傍晚时分,游客们陆续离开了。下山了,我回头看着这些石头。其中一组花瓣石,原本应该是一个浑圆的大石球,某天突然裂成三瓣,形状犹如花蕾初绽,每个花瓣的基座还紧紧连在一起。我想,这多像孵化孙悟空那只石蛋呀!山下那些顽皮活泼的猴子,是不是从这个石蛋里蹦出来的呢?神话传说当不得真,但这世界若是没有了神话,那将少掉多少乐趣和美好呀。

五皇山的美,便胜在其山林、溪流、云海、石头,胜在这一切既有真实的时间长河打磨出的每一个细节,又有悠远的神话为其披上神秘、神奇的轻纱。

琬琦,原名肖燕,广西容县人,汉族,中国作协会员,玉林市签约作家,自治区作协"1+2"工程培养对象,曾在《诗刊》《星星》《小说界》《长江文艺》等杂志发表过作品,曾获全国诗歌大赛一等奖、广西青年文学奖,出版有诗集《远处的波浪》,现居容县。

一枝青梅说越州

丘晓兰

看到"越州"二字,对中国历史有所考究的人,第一反应可能会联想到浙江绍兴于隋唐宋时期的名称。但我今天想说的越州,其实是广西钦州市的浦北县。

最初的越州,为南北朝时期刘宋王朝于泰始七年(471年)所立,州址临漳,就在今广西浦北县石涌乡坡子坪的仰天湖边。领临漳、百梁、陇苏、永宁、安昌、富昌、南流、合浦、宋寿九郡。至隋大业元年(605年),这个古越州改称禄州,把"越州"让给了吴州,即今日的绍兴一带。两年后,这个禄州又与合州(在今雷州半岛)合并,改称合浦郡。唐武德五年(622年),合浦郡又改称越州。到贞观八年(634年),越州改称廉州。

浙江绍兴的那个越州,则是隋大业元年(605年)废诸州总管府,改吴州(今绍兴)置越州;大业三年,越州复为会稽郡。唐武德四年(621年),改会稽郡为越州,置总管府,总管越、嵊、姚、鄞、松、婺、衢、杭?、丽、严、绸11州。越州直领会稽、诸暨2县。此后分分合合,直至南宋建炎四年(1130年),那一片地方都还叫越州。后因南宋高宗驻跸越州,取"绍奕世之宏休,兴百年之丕绪"之意,下诏从建炎五年正月起改元绍兴,并升越州为绍兴府后,才没有了"越州"的说法,并一直叫"绍兴"至今,那一带的地方戏曲还仍然叫"越剧"。

隋唐两代,在两广之地的越州不管是叫越州、禄州还是廉州,州治所、郡治所、县治所基本都在今天的浦北县境内。

关于浦北,我不能说很熟悉,但也绝对不敢说是陌生。

因为浦北有很出名的红椎菌。还有很出名的一个五皇岭。

很早以前我就知道浦北有红椎菌和五皇岭。但在长达十多年的时间里也仅限于知道浦北有红椎菌和五皇岭。原因是有一位亲戚的亲戚，那位有着十分干净的眼神和笑声，十分热情、十分爽朗的婶婶。近二十年过去了，只见过两面的她，我至今都不清楚她的名姓。但她那近乎透明的眼神和笑声，她的热情，她的爽朗，却深深地印在我的脑海不能忘怀。因为她是浦北人，也是我此前唯一认识的浦北人，所以那位婶婶也就成了我心目中浦北以及浦北人的形象代言。因为她珍而重之地送过我一袋红椎菌，还耐心地告诉我为什么要如何如何的做来吃，也笑眯眯地邀请我们一家去"很漂亮、很好玩"的五皇岭玩，我也就深深地记住了浦北，还有浦北的红椎菌、五皇岭。

后来，我当然又认识了不少钦州人、浦北人，也更深入一些地了解了浦北。但我所认识的浦北人的身上，似乎都有着那位婶婶的影子，或者一样的热情爽朗，又或者是有着干净透明的眼神和笑声。

在我第一次走在浦北县城的街道上的时候，那位婶婶的身影就又从我的心里冒了出来，看着身边来陪伴我们的朋友们，我的心里和脸上都忍不住要不由自主地笑眯眯。就好像原本我们就是很熟悉、很亲切的关系。是的，所谓一方水土养一方人，那位婶婶的热情、爽朗，还有她干净、透明的眼神和笑声，于浦北并不是特例。

浦北在五代、隋唐时期能成为州治所、郡治所、县治所不是偶然的，也不是意外的。该地山川秀美，气候温润，物产丰饶。除了红椎菌还丰产香蕉、荔枝、酸梅、橄榄、茶叶、淮山、黄皮果、百香果、黑香米、红香米等农产品，只有浦北才有的官垌草鱼和浦北黑猪也是美食家们赞不绝口的好食材。

古人云，仓廪实而知礼节，衣食足而知荣辱。这"实"和"足"，与刚过了温饱线可是截然不同的两个概念。浦北有福，不仅自身条件比较优越，她东邻的博白，南邻的合浦，北接的横县、贵港、兴业，一圈都是福地，都是文化经济比较繁盛的所在。正如浦北才子，在任的广西文艺评论家协会主席容本镇先生所言，千百年来，"浦北都秉持着质朴、低调、不张扬的个性"，安静地，感悟着活着所需要经历和感悟的一切，安静地，与永恒的日月山川和谐共处。

不少人知道，浦北有个出名的物产"小江瓷"。浦北境内森林和矿藏资源丰富，有10条主要河流通江达海。县境内的高岭土质地细腻、纯白度好、黏

性好、稳定性高且可塑性强还分布广泛、储藏量大。所以盛产瓷土的浦北小江镇在明末清初就开始烧制瓷器，所出品的小江瓷在1949年前就因交通的便利销往越南等东南亚国家。但不知又有多少人留意到了，浦北古代书院的数量之多、分布范围之广、兴学持续时间之长，在广西各县之中都是十分罕见的。特别在清朝中后期，办学的热潮持续了100多年，直至清末书院改制才告停止。并不很大的浦北，16所书院几乎遍及全境。不仅面向民间大众还能依据实际和时势兼习文武，后期还添设了近代西学课程。这份教育的胸怀与气度，还真的是需要仓廪实、衣食足才可以支持，而不是处于温饱线上苦熬阶段的人们可以想象更遑论做到的。

所以我始终认为，近二十年前送了我一袋红椎菌的那位婶婶，她那干净的眼神和笑声，在浦北，并不是特例。但当我在兴致勃勃地爬了五皇岭山，逛了文昌塔，喝了始祖禅茶，游了越州天湖之后，都觉得只是回味了那位婶婶留给我的形与迹，虽也满心欢喜，却似乎没能寻到与其精神相和的感应。

直到最后一站的花果田园。是不是叫花果田园我都记不太真切了，但那里有个青梅园。据说花开的时候满山满岭的小白花如云霞连片，美不胜收。面对着满树绿叶既无花也还无果的一片梅林和一块干巴巴的解说告示牌，还被太阳晒得要脱皮的我却恍惚觉得自己找到了浦北所给予我的精神。

青梅。是的，青梅。越州有青梅。它清甘入脾肺。它花自有清气，果亦繁枝累。

脑海里跳跃着它自己蹦出来的几个句子，晒得我要脱皮的太阳好像也没那么灼热了。我越发笑眯眯地，听解说员在那里介绍浦北的特产青梅可以入药，可以做酒，可以制成话梅、乌梅……我的心里就美美的，仿佛终于可以呼应近二十年前那位对我那么热情，那么爽朗，那么透明地笑的婶婶了。

一个地方千年的历史沉浮，那自然是说也说不尽、道也道不完的一个大长篇。那么美丽的浦北自然也还有着可提升可持续发展的广大空间。但是，有什么关系呢？只要源自天然的醇厚与质朴不变，日月的光华，山川的秀美就不会变。

虽已告别浦北又回到了南宁，但意犹未尽，特学古风一首，写给我心目中的浦北，也送给眼神和笑声都那么干净、透明的那位婶婶和所有热情爽朗的浦北人：

此地可寻芳,青山逐绿水。
葳蕤古越州,嘉树出浦北。
开花颇细细,结实能累累。
和盐美人喜,煮酒英雄醉。
千军消烦渴,百姓清残秽。
佳话寻常得,谁解其中味。

丘晓兰,广西作家协会副主席,南宁市作家协会主席,南宁文学院(《红豆》杂志)院长(社长/主编),南宁市第八批专业技术拔尖人才,广西首届文化名家暨"四个一批"人才。广西签约作家,南宁市签约作家,已发表作品100多万字,作品多次被转载并收录多种选本,多次获各种文学奖项,出版散文集《完美的一天》《幸福是一种简单》《乡土风韵》、长篇纪实文学《虹起邕江》等。

从江河到大海

谢凤芹

20世纪某个荔红时节,红云漫天。钦江像一卷长长宣纸,交由一位叫作齐白石的人恣意泼青点丹。

缀满枝头的红荔在微风中吟唱,曼妙女子纤纤小手剥开凝脂般的荔枝,笑脸摇曳成了一幅人物肖像画。在一阵"的的叉,的叉叉"八音声中,花旦、武生款款上场,采茶歌声经久不息……

这一段映像,一直保留到齐白石93岁垂暮老年。

史料记载,湘潭杏子坞星斗塘贫苦农家出生的画匠齐白石,一生五次出游,三次长驻钦州,时间长达两年多。

我常常遐想,当年的钦州,还是一座名不见经传的边陲小城,是什么神奇力量使后来的画坛巨匠如此眷恋?

为着解开这个谜团,我苦苦寻找齐白石在钦州的足迹,某天,蓦然间,恍然大悟:这一切,都是上天对钦州的眷顾。

齐白石第一次与钦州邂逅纯属老天冥冥之中的安排。

齐白石　(王廖科画)

1905年7月，齐白石第二次出游，终点站选择了桂林，在饱览了桂林绮丽风光，意犹未尽踏上归途之时，突然接到父亲的家书：四弟纯培、长子良元瞒着家人跑到广州当兵了。兵荒马乱的岁月，这可急坏了老实巴交的父亲，字里行间充满了担忧，嘱咐他务必转道广东，把两人带回家。

父命大如天。

齐白石当即辗转赶到广州，却扑了空，纯培、良元已经随军调防钦州。

心急如焚的齐白石又匆匆赶往钦州。

到了钦州，已经是1906年。

这是齐白石第一次与钦州邂逅！

1906年，对于钦州来说，可谓风云激荡。

这一年，钦州人黄明堂在大寺举行了有1000多人参加的三合会入会仪式，吹响了反抗腐朽清廷的号角。

这一年，钦廉道台王秉恩也很忙，他突发奇思，专门设了一个特设局开征糖捐，规定三那（那丽、那彭、那思）人民出产蔗糖须先缴纳税款，方准出售。

于是，钦州的历史上，又站出了另一位反抗清廷的斗士，他就是为民抗命的乡绅刘思裕。

刘思裕在那彭圩边的鸡儿坪集合村民，歃血盟誓，坚决反对糖捐。

三那人民反糖捐斗争，一位伟人捕捉到武装反抗清廷的时机，正在运筹武力推翻清廷的孙中山，紧紧地抓住了这次机会，派自己身边得力助手、湖南湘潭人黄兴前来钦州鼓动革命，为刘思裕出谋划策，并资助枪支支持三那人民武装抗捐。

三那民众的反糖捐斗争，又引出了另一个湖南湘潭人郭葆生，这人时任钦州兵备道道台，统领着钦州一方武装。

三那民众的武装斗争尽管有革命党人黄兴亲自策划，但最终还是被同乡郭葆生镇压了，刘思裕也战死了。

这是历史的必然，没有经过严格训练的农民，光有一腔热血和反抗精神，很难用血肉之躯与武装到牙齿的反动势力相抗衡。

但正是这样的星星之火，汇聚成滚滚洪流，最终埋葬了清王朝。从这个意义来说，钦州人民的反抗斗争，是我以我血荐轩辕的一次壮举。

有了这些因缘际会，三个湖南人都以钦州为舞台，各自把角色演得活色生香。

黄兴与郭葆生既是同乡好友,又分站两个阵营:一个是清廷的兵备道;一个是以推翻清廷帝制为己任的栋梁之材。于时,黄兴和郭葆生因为乡情既暗中勾连,又各为其主展开了你死我活的斗争。先时,黄兴派革命党人谭人凤到郭葆生处游说,郭葆生信誓旦旦保证,只要革命党攻打钦州,就主动打开城门,绝不抵抗,甚至可输送武器弹药支持黄兴。

可当黄兴率南路军从越南跨过北仑河准备夺取钦州时,在马笃山遭到了郭葆生部的死命抵抗,激战三天三夜,郭葆生甚至在阵前喊"活捉黄兴"以振奋士气。

黄兴不但没被活捉,反而歼灭了郭葆生部的1000多人。这就是历史上的钦廉上思起义。

黄兴和郭葆生的关系,正是近代中国错综复杂、纷纷扰扰、敌友难分的最好诠释。

而齐白石与郭葆生的关系,就纯粹得多了。

齐白石1902年游历到西安时,便在西安结识了湖南名人郭葆生。郭葆生以师长的身份,提醒齐白石:无论作诗作文,或作画刻印,均须于游历中求进境。

因此,当齐白石第一次风尘仆仆赶到钦州,突然在钦州看到已经当上兵备道的郭葆生应该吓了一跳吧。

清朝的兵备道相当于如今的钦州军分区司令,前半生连乡长都没见过的齐白石,见了军分区司令是什么感受,我们不得而知,而郭葆生视齐白石为座上宾却有真实的记载。

郭葆生文武双全,是湖南三才子之一,书画造诣深厚。彼时,在常人眼里,郭葆生和齐白石在书画上的差距可谓天壤之别。

而郭葆生的慧眼早已经穿越时空,铁定齐白石是一座宝藏,就差开矿者,假以时日,必将大放异彩,而他,愿作这个开矿人,于是,竭尽全力来提携这个老乡。

为了留下齐白石,郭葆生将从来不示人的八大山人、郑板桥、徐渭等人的作品全都拿给齐白石观赏、临摹。

木工出身的齐白石哪里见过这样的艺术殿堂,被深深地吸引了,对这些名家书画爱不释手,天天临摹,画画水平一日千里。

都说君子之交淡如水,齐白石天天蹭郭葆生的饭,产生了此处虽好,但不宜久留的想法，急着要回家。

郭葆生洞悉了齐白石的想法，灵机一动，提出请齐白石代笔，又怕齐白石难堪，于是承诺给齐白石润格，两不相欠。

于时，就在钦州镇龙楼的一间房子里，齐白石开始了代笔生涯，时间长达5个月之久。

当时钦州很多人手上都有署郭葆生之名的作品，其实这都是齐白石的真迹。

现在钦州中山路苏老板手中就有一幅齐白石代郭葆生创作的字，名为"共作新民"。

因为当时正处于改朝换代之时，有识之士纷纷投奔孙中山领导的推翻帝制革命。

郭葆生无数次想过弃暗投明，才有了和黄兴暗中多次合作又破局的经历。

我常常想，世上的事，很多时候人算不如天算，郭葆生就是活生生的例子，他多次想投奔革命，但因阴差阳错和革命党老是走不到一条道上，从"共作新民"四个字中，我们可以揣摩，郭葆生当时确实心早已经投奔革命，愿作新民。

郭葆生留下齐白石，为钦州文化发展做出重大贡献。他的这一善举，与钦州宋代知州岳霖请来周去非任钦州首席教育家有异工同曲之妙，都是钦州文化发展史上的有功之臣。

齐白石第一次到钦州是偶然，随后的第二次、第三次，则是齐白石的主动选择。

1907年的春天，齐白石第二次来到钦州。

这次到钦州，除了给郭葆生代笔之外，郭葆生利用巡边之便，带着齐白石游历了肇庆、东兴等地，还越过了北仑河，游历了越南的一些地方。

齐白石第一次踏出国门，应该是感慨万千吧，看着南方独有的风景，处处皆可入画，他在路上忍不住痒痒之手，欣然便提笔画了一幅《绿天过客图》。

此番游历返回钦州途中，正值钦州荔枝成熟之时，沿途所见荔枝硕果累累，摘来品尝，甘美之极。

钦州纯美的风景，善良的人民，还有漫山遍野的荔枝，让他心灵震撼，灵感涌动，于是齐白石的绘画题材中又多了一种——荔枝。

钦州城外有个天涯亭，为北宋庆历年间陶弼知钦州时所建。

天涯亭所隐含的思乡之情、离家伤感之意引起了历代文人的咏吟，齐白石亦不例外。

我在揣摩，齐白石在游天涯亭时，肯定浮想联翩，这从他的《天涯亭图》题诗中得到印证。

看山曾作天涯客，
记得归家二月期。
游遍鼎湖山下路，
木棉十里子规啼。

我想象着，齐白石口啖香甜可口的荔枝，看着天涯亭内悠闲自在的蜻蜓，心里充满了童心和快乐，这从他留下的诗歌可以作证：

作客天涯亭子外，
买园门锁夏天开。
千回上树无人到，
只有蜻蜓飞去来。

写了诗还意犹未尽，又画了一幅名为《荔枝蜻蜓图》的画，在这幅画上，他又配了诗：

折来犹有荔枝思，
不忘曾游过岭时。
为客心闲形迹静，
蜻蜓飞上手中枝。

所题的字为"寄萍老人齐白石自钦州归后始画荔枝"。

在天涯亭，他还刻了一方印章名为"天涯亭过客"。

30多年后，友人将这方印章还以他，齐白石欣喜若狂，成诗一首：

天涯海角梦俱荒，
使者传书喜欲狂。
三十年来鸿雪在，
朱泥如旧鬓添霜。

并题字：余四十岁后客钦州，拓有印章，为友人所得，今重见，口占一绝句题记述。

钦州荔枝树百年而不凋，荔枝成熟后的鲜红果实和墨绿树叶正是"红花墨叶"的绝好素材，齐白石曾言"果实之味，唯荔枝最美"，且"入图第一"。

钦州的荔枝已经融入齐白石的生命里，只要一闭眼，荔枝的果实、枝叶便栩栩如生地在脑中晃荡，画荔枝便有了神来之笔。

他用洋红来画荔枝，在似干未干时，用胭脂作为颜料去点缀，这样画出来的荔枝就非常生动。

这是齐白石创新的画荔枝的程式，这个程式不仅在钦州画坛代代相传，而且在全国美术界都自觉不自觉地运用。

齐白石对钦州荔枝的热爱程度超乎我们的想象，他一生所作3万幅画作中，以钦州荔枝为题材的画诗印就有500多件，仅次于虾画之数量。

1909年，齐白石第三次来钦州，最后的钦州之行，使齐白石的人生有了绚丽的色彩。

钦州东门有个歌女，品性高洁，山水画有很高的造诣，钦州很多有身份的男人都想得到她，但她一直守身如玉，坚持只卖歌不卖身。

齐白石画的荔枝图传到歌女手中，歌女爱不释手，天天临摹，到了后来，干脆决绝了歌楼生涯，隐居家中天天临摹先生画的荔枝。

有一天，歌女鼓了很大的勇气，将自己的画作送给齐白石请教，齐白石观其人，看其画，双重惊喜。

两人相谈甚欢，谈到忘情处，歌女情不自禁地轻轻拿起一颗红彤彤的荔枝，用自己的纤纤巧手手把手地教齐白石剥荔枝。

和歌女相处的几个月时间里，齐白石灵感涌动，笔不停辍，作画刻印，收获颇丰。他在《寄园日记》中写道：十四日，为郭五临画十二帧，又画小册四幅。此回来钦州，篆刊二百八十余石；画幅、画册、画扇约共二百五十余纸。

这纤纤小手，在齐白石后半生的岁月里，成了"不思量，自难忘"的美好记忆。

齐白石原来只画江虾，钦州使他有更多的机会细心观察个大、体圆的海虾，从此以后，他画虾的风格发生了改变，虾画得更加晶莹剔透，成为他国画上的一绝，众揽世界，画虾无人能望其项背。

三次游历钦州，使齐白石的艺术生命绚烂出耀眼的光芒。荔枝、海虾入画大大丰富了齐白石的艺术素材。

晚年，齐白石回忆起这段经历，还是那么缠绵悱恻，忍不住作诗述怀：

客里钦州旧梦痴，

南门河上雨丝丝。

此生再过应无分，

纤手教侬剥荔枝。

齐白石出身寒门，只读过半年私塾，9岁开始放牛打柴，16岁学做雕花木匠，20岁自学绘画和诗文，最终他却登上国画一代宗师的高峰，成为人民杰出艺术家、世界文化十大名人。

齐白石的成功，浸透了奋斗的泪泉，洒满了牺牲的血雨。

钦州的沃土与风情，同样成为齐白石登上画坛高峰的不竭动力。

正是有了三次钦州的游历，齐白石做出了一个重要决定——到北京定居以卖画为生。

1919年，他刚在北京露面，很多人都讥笑他的画作粗野，难登大雅之堂。

但齐白石对自己十分有信心，他要将浓厚的乡土气息、纯朴的农民意识和天真浪漫的童心、富有余味的诗意，融入艺术的内在生命；将热烈明快的色彩，墨与色的强烈对比，浑朴稚拙的造型和笔法，工与写的极端合成，平正见奇的构成，作为画画的艺术语言和视觉形状，成为齐白石艺术的外在生命。

如果在这两个点上找到联结，他就可以打开画界的天门，找到通向艺术的天梯。

为了找到两者结合点，齐白石闭门十年，终于打破了凡俗，将自己内心的想法真正地融入他所作的每一幅画中。

他把前人"妙在似与不似之间"的道理体会到了极致，其画以文人画为根基，开掘民间传统，探讨雅俗结合，为传统花鸟画注入了蓬勃生机，风格刚健鲜活、诙谐幽默。作画用笔雄浑健拔，用墨滋润淋漓，用色浓艳泼辣。其章法多是信手拈来，随意而成，极为简括大气。

反映在造型方面，有时脱略形迹，离形而以神会求似，有时则摹写物象纤毫毕现。尤喜将阔笔大写的花卉与工细草虫合于一图，以求相反相成之韵趣。达到了炉火纯青，真率自然，不假修饰。

他农民般朴质的画风在北京画坛引起了极大的轰动，成为中国画史上划时代的一件大事，史称齐白石"衰年变法"。

"衰年变法"使齐白石最终登上世界画坛高峰，成为世界十大文化名人，成为人民杰出艺术家。

晚年的齐白石，常常眺望南方。

到了92岁暮年，他还念念不忘钦州荔枝，作了题为《荔枝》的画一幅，并配诗：

> 远游不复似当年,
> 一月钦州食九千。
> 群果园中论珍品,
> 徐寅同说荔枝先。

而他脍炙人口的荔枝诗:

> 此生无计作重游,
> 五月垂丹胜鹤头。
> 为口不辞劳跋涉,
> 愿风吹我到钦州。

更是伤感里透露出老人再也无缘亲近钦州的无限惆怅。

钦州以海纳百川的胸怀,成为各路文人骚客的驿站,而他们留下的文化瑰宝反过来又滋润着这方水土,开出了绚丽之花,结出了累累的文化硕果,一代又一代接力着、奔跑着、迂回着奔向大海,这是中国文化博大精深之源,这是钦州历久不衰的生命之根。

谢凤芹,中国作协会员,钦州市作协主席。在《当代》《长篇小说》《散文选刊》《延河》《中国报告文学》等50多种刊物发表作品400多万字,作品入选《当代小说家作品选》《散文选刊》等。公开出版文学作品集11部,其中小说集五部,《大地无言》《欲望的轮回》《婚姻黑子》《叶落地平线》《谢凤芹小说选》;散文集《静听天音》;文学评论集《字里乾坤》;北部湾名人系列之《国柱冯子材》《虎将刘永福》《大儒冯敏昌》《上将黄明堂》。中篇小说《天使》2013年12月获"中国当代小说奖"。

在钦州做一只幸福的白海豚

林 虹

多年前,我对钦州是很陌生的,由于地理位置的原因,我偏居桂东南一小城,隔着地图,就能感知路途遥远。后来看齐白石先生画的荔枝图,得知是钦州的荔枝,惊讶。更因为齐白石先生的那句"愿风吹我到钦州"的诗句,很好奇,对于这位走遍全国各地的著名画家,对钦州竟然有这样诗意的情怀,遂对钦州充满了向往。

确实如此,坭兴陶、金色的沙滩、蓝天碧海、深水港……当然,还有可爱的"海上熊猫"——中华白海豚。

白海豚　　　　　　　　　　（王廖科画）

这些是钦州的标记。也是我的。时隔十多年，我再次来到钦州，竟然感觉时光并未远去，只是当年吹我到钦州的风，从缓慢的到呼啸而过的。是的，是高铁呼啸的风把我吹到了钦州。

这是多么惬意的行程。中年之后的我，喜欢上了独自出行，竟然是为了看粉色的中华白海豚，而那年春天看中华白海豚的情景还历历在目。

那年春天，在三娘湾，一行作家，坐船出海看中华白海豚。我晕船，但内心激动不已，依然选择坐在船头。对于出门就看见绵延大山的人，看见这浩渺无际的碧海蓝天，是多么欢喜，因此，什么都是新鲜的。比如说金色的沙滩，柔软的沙子，赤脚漫步在海边，海风习习，电影里浪漫的镜头会浮现在眼里。事实上不是，更多的是真实的生活。

我们坐的船，已经驶出岸边很远了，并未见传说中的中华白海豚。对于白海豚，我充满了好奇，得知它是为数不多的像大熊猫般珍稀的海上动物，因此被称为"海上大熊猫"。因为三娘湾海蓝鱼肥，没有污染的环境，因此这里成了白海豚的快乐家园。

我们坐的游船在海上漂浮着，海面平静，并未见白海豚，之前出海的喜悦慢慢淡了下来。我有些着急，喃喃自语："怎么还不见白海豚呢？"其实在上船之前我就听船长说了："看不看得见白海豚，全靠运气。"坐在一旁的透透很乐观："不急不急，我们运气好，能看见的。"好吧，船继续在海上飘着，没有阳光，天色灰蒙，春天的景色大多如此。我期待的碧波之上，阳光像金子一样照在水面上，那金光闪闪的画面，也仅限于想象了。这样的天气，要看见白海豚，估计很难吧。时间过了很久，海面一直很平静，大家有些失去兴致了，我一旁的透透睡着了，她挂着的相机歪在一旁。我也有些倦意了，靠着椅子闭目养神。

突然听到有人惊喜地叫起来：看，白海豚！我立马睁开眼，船上的作家们都兴奋地站起来，循声望去。真的呀，先是一只白色的海豚跃出水面，身体修长呈纺锤形，划出一道美丽的弧线，很快就沉入水中。大家欢呼着。接着是两只白海豚一前一后跃出水面，白色的海豚，蓝色的海水，太美了！大家拿着相机，咔咔地拍照。"看，看，那边，它们在那边！""看，快看，它们又在这边啦！"大家随着白海豚的游动，激动地在船四周张望。之后，只能看见这三只白海豚露出背鳍在水中游动，嬉戏，然后海面归于平静，再之后，在我们期待的目光之下，白海豚再没出现过。"这种天气居然能看见白海豚，太不可思议了！""是吧，我说我们运气好的""白海豚太可爱了，可惜出现在水面的时间太短了"……大家还

沉浸在看见白海豚的喜悦中,船慢慢地往岸边驶去。

十多年过去了,白海豚跃出水面的那道美丽的白色弧线,一直印在我的脑海中。

多年以后,我在微信上看到有人转发在钦州三娘湾拍到的粉红色的中华白海豚,很是惊喜,居然还有粉红色的白海豚,太可爱了。照片上,晴空万里,湛蓝的天空和湛蓝的海水,远远望去,海天一色。碧波之上,一只粉红的白海豚腾空而起,水珠晶莹剔透,散落在尾鳍四周。粉海豚头朝大海,修长的嘴巴,滚圆的肚皮在阳光的照耀下,闪着光泽,依旧是一道美丽的弧线,不过,这是粉红的弧线,萌翻了。还有一张是近距离的,看得见粉海豚像黑葡萄一样的眼睛,眼神温柔干净,遂被这眼神萌化了。它微张着嘴巴,像个孩子一样,可爱得让人忍不住用手去抚摸它。我被这只粉色海豚圈粉了,心里跃跃欲动,想去钦州看这粉红的白海豚。果真,心有所念,必有回响,很快就成行了。

在去钦州的路上,我查看了白海豚的近况,得知北京大学生命科学院潘文石教授经过十多年对钦州白海豚的专门研究和保护,出版了一本《钦州的白海豚》,看书简介就惊喜地看到白海豚的身世之谜:三娘湾最早的海豚"移民"大约是距今6000年前从马来半岛游来的。距今11000年前,最后一轮冰期结束,海平面上升;距今6000~5000年的时候,现在的北部湾形成,海南岛也同大陆脱离而隔以琼州海峡。原先被"囚禁"在马来西亚巽他群岛四周的一部分海豚,随着温热的洋流由西南向东北迁移,经过马来西亚、暹罗湾、柬埔寨、越南,到达三娘湾。原来钦州的白海豚来自6000年前的马来西亚,这是多漫长的历史和多漫长的旅途,能够存活到现在,也说明了白海豚有着强大的生命基因和生命力量。想象6000年前的白海豚,它们历经艰险,从马来西亚的大海一路游到广西钦州的大海,觉得这里适合它们生活,就此停下寻找家园的脚步,以此为家。万物有缘,说的就是这样的一种相遇和选择吧。

再看媒体的最新报道,说研究人员在钦州白海豚的一个样本身上发现了一个特殊的、古老的基因型。迄今为止,这一基因型在中国沿海其他地区的白海豚身上都没有出现过。真是太神奇了,很期待这个研究结果。

我就在这种对粉色海豚的期待下,坐船出海了。再次来看白海豚,依然有小小的激动。是夏天,阳光炙热,海水湛蓝,大朵大朵的白云在湛蓝的天上漂浮着。"这样的好天气,见不到白海豚才怪呢?"船上有人自信地说。"不一定的,我上次带孩子来就没看见。"有人答道。"看运气,看运气。"有人说。我坐在一旁沉默无语,中年之后,我习惯了沉默。很多时候,不去强求什么了,能遇见,是欣喜，不能遇见，也无妨。

　　船在海上飘着，这船人大多是带孩子来看白海豚的，该不会也是像我这样，是冲着粉色海豚吧？孩子们焦急地嚷着："怎么还没见白海豚呀？"是呀，船在海上漂了这么久，理应看见白海豚了。而且钦州的白海豚数量相比十年前，已经翻了一番。这得益于钦州各级政府为中华白海豚划出的一道"生命线"，他们在经济增长和自然保护中做到了"双赢"，调整了原有的经济建设布局，以南北走向的"三墩路"为界，将其西边作为钦州发展现代工业企业的区域，而在东边则尽可能地维持原始浅海湿地的原貌。这道为白海豚划出的"生命线"，让它们有了一个自由游弋繁衍的地方。人与自然和谐共处，人与动物和谐共处，这是美美与共的温馨画面。

　　我想起曾给坭兴陶写过一首诗《一只陶的独白》，诗中提到恋爱中的白海豚如何忠贞，那想象的爱情是很多人向往的。于是，我在手机的备忘录写下几句诗："我要的就是这样/在钦州三娘湾/做只幸福的白海豚/看云起云舒/看海水澄净湛蓝/看你在我身边快乐地游弋/你说爱/我们就是彼此的三生三世……"

　　"啊，白海豚是不是睡觉了？"孩子们很失落。是呀，船在白海豚出没的海域飘了这么久，还没看见白海豚。夏日午后，很容易让人犯困，在海风吹拂下，我竟然惬意地睡着了。我希望像那年看白海豚一样，突然有人惊喜地叫着："看！快看！白海豚！呀，还是粉色的！"

　　然后，我睁开眼，果真是呀，是粉色的海豚，它萌萌的样子，有趣极了，还有白色的、灰色的。它们成群结伴，在阳光下跃起潜下，快乐地嬉戏。在这属于它们的家园，它们想出来玩就出来玩，多么好！

林虹，瑶族，广西贺州人，中国作协会员，鲁迅文学院第22届高研班学员，上海戏剧学院2015高编班学员。曾在《作家》《诗刊》《民族文学》《散文选刊》等发表小说、诗歌、散文。有作品入选各种选本。出版有小说集《清澈》，散文集《时光深处》《两片静默的叶子》，诗集《十万朵桂花》。获2014年度华文最佳散文奖；2017年度中国少数民族作家学会文学奖；第五届广西少数民族文学创作"花山"奖；第八届广西剧展金奖、剧作奖等。

羊角惊艳

梁晓阳

六年前，我刚从大学毕业参加工作。

9月的一天早晨，我跟着公司办公室杨主任、工会主席徐大姐和出纳小吴出差，去的地方叫浦北县，具体说就是官垌镇。小吴的一位朋友在那里种植了十几亩八角，推荐给了我们公司的盘总，盘总和小吴来过几次，说已经和对方谈好，八角全部由我们公司收购。

盘总让小吴带我们去那户人家里签合同，还对杨主任说："官垌山清水秀，牛羊成群，特意派两位漂亮女士和你去散散心，还有一个新鸟（就是刚出来工作的我），你们帮我实地看看八角，签好那份收购合同，任务就算完成了，可以在官垌玩，住一夜也行。"

那时候去浦北要经过玉林，走的虽然号称水泥路，但都是蹦蹦跳跳的损毁路，或者说水泥路已经重返为泥路，还到处是"窝窝头"，公司的小车左一叩首右一叩首地走着，到了一处山清水秀的村子旁边，终于像散了架一般停了下来，司机说是车坏了，要修，要一个小时甚至两个小时。

上午的阳光开始烫人，车子已经热如蒸笼，于是我跟着杨主任、徐大姐和小吴下车，想找一阴凉的地方。杨主任下车后向右边一棵树走，说是抽根烟。我不抽烟，只想去小解。我们几个跟着杨主任往右边的一条山路上了坡，徐大姐和小吴走得比我还快，上了坡就直往树林子里钻，徐大姐回头笑着对我说："后生仔，站住，不许跟来了！"很显然她们是内急了，要找地方。我那时脸皮还很薄，一听这话就脸红了，赶紧打住脚步，往回走了四五步。杨主任站在一棵尤加利树荫下，传过来打火机的声音，不一会儿腾起一阵白色的烟雾。另一边似乎传来一阵水流声，我心里一阵狂跳，连忙又往回走了四五步。杨主任把含在嘴里的烟拿出来，哈哈大笑。

我就是那时候看见旁边山坡上的两只羊的,它们正在打架,四只角撞击发出叽叽嘎嘎的声音。看那两只羊的腰身,看它们的臀部,看它们的头部,那四只高翘成弧度外弯的角,我知道那是两只公羊。

没有人在放牧,只有十几只羊在旁边观望。

叽叽嘎嘎,叽叽嘎嘎,两双羊角破空击打的声音坚硬而清脆,像快板,又像竹梆,更像动感十足的架子鼓,叽叽嘎嘎,叽叽嘎嘎,打一阵,停止一会儿,鼓起双眼,又继续往前冲,往对方头部顶,躬起的细腰,鼓起的大眼,比平时坚硬一百倍的双角,此刻就是两对战斗的武器,也像两对音乐会上的主打乐器,敲打出直击人的心脏和耳鼓的奇妙乐声。

"后生仔,你知道这两只羊为什么打架吗?"杨主任在一边吐出几口烟,笑眯眯地问我。

"可能是因为争草吃吧?"我回答。

"哈哈,"杨主任再次大笑,说,"争什么草?漫山遍野都是草,他们是争母羊,争交配权!"

听他这样说,我也嘿嘿地笑起来,不禁朝羊群望过去,在那边,在草坡边的一棵八角树下,站着一只静静地抬头望它们决斗的羊,看它那温柔而无所谓的表情,无疑那是一只母羊,这么说,两只公羊的打架就是两只为了宣示自己对某只母羊占有权的两种力量的角逐。

"哎呀,两只羊在打架!"我身后突然响起了一个女人的声音,是小吴。紧接着徐大姐也凑近来说:"是啊,它们打得真带劲啊!"

小吴说:"打得那么用力,它们那两只角会不会撞断?"

徐大姐说:"像小时候我看过的公牛打架,又长又尖的角都拼命往对方头部颈部身上胡乱扎,很吓人!"

杨主任诡秘地说:"人在争老婆的时候是拼命的,羊也是这样。"

小吴瞪了他一眼,啐了一口,说:"你说什么呀!"

杨主任哈哈大笑。

我说:"你们看见没有?它们的角都不是扎对方的身体,甚至都不是扎对方的脖子,而是好像商量好似的,专门角顶角,顶得挺正的,所以发出的声音也像敲打乐器,叽叽嘎嘎,叽叽嘎嘎,一阵接一阵,像一首歌,好听着呢?"

徐大姐和小吴都说:"你真不愧是写文章的,羊打架也能听出一首歌,不过

说真的，的确像一首歌！"

我大笑说："就是嘛。"

这时，有一个戴斗笠的村民过来，走近两只公羊就大声呵斥："去，去！"两只公羊先是很不情愿地停下，对视，很快就在村民的又一阵呵斥中散开了，各自走进了羊群。

我问那村民养羊是自家宰呢还是卖，他说："卖啊，镇上有四五家羊肉餐馆，我们村有六户人养羊，为餐馆供应羊，有时候自己也杀了吃。"

我抬头看着四周，高耸的山脉一道连着一道，问这是什么山，村民说："六万大山。"哦，原来这里和玉林的兴业一样同属于六万大山山脉。再问这个村是什么村，村民说："这里属于官垌镇管，叫平石村。"

这时候听到了司机的喊声，是车子修好了，我们赶紧返回去上车，继续在坑坑洼洼的泥路上赶。

我们要去的地方也属于平石村，是一个叫大岭脚的屯，小吴说。又走了半个小时，终于到达了那个地方。进入小吴的朋友家前，我抬头望了望屋脊，依然是莽莽苍苍的山林。山岭上，很明显看到那些泛着白光的八角树叶在迎风摇荡。坐在这户人家的屋檐下，清风阵阵吹来，比外面地坪上的炎热，感觉凉爽多了。

合同早经过杨主任拟好，这时就是和这户人家的男主人讲一下，很快就签好了。小吴的朋友，其实是男主人的女儿，在浦北县糖烟公司工作，这时也回到了家里。男主人的儿子居然也养羊，并且要宰一只羊宴请我们，他去牵羊的时候，我说："最好杀公羊，我想要一对羊角，羊角敲击可以听到音乐声。"小吴白我一眼："亏你想得出，公羊是干什么的？"杨主任也在一边说我："后生仔，公羊是宝呢，一群羊就只有一两只，当然不能杀给你吃了，刚才看到两只公羊在打架，就是为了争夺配种权啊，谁赢谁得爽！"说得主人和客人都大笑起来。

中午饭我们除了吃到羊肉，还吃到了家养土鸡，果然还有官垌鱼。杨主任和我还喝了两三两米酒，小吴将一块大鱼头夹到了杨主任的碗里，杨主任笑得合不拢嘴。

席间，我们又谈起中午的羊打架，谈起村里养的羊，小吴的朋友突然说："你们知道吗？我们这个村不光养羊，还出土过羊角文物呢！"

我问是什么文物，小吴的朋友说："叫羊角钮铜钟，二十年前，就是我们大岭脚的人在放牛时发现的，那个人叫黄德兴，现在已经不在三年了，发现那些铜钟的时候，他没有自己要，而是报告了县里，县里博物馆的人来挖走了，一共挖出四只,那些铜钟很奇怪的,上头小下头大,顶部还长着一对羊角,就像我哥养的那只公羊的羊角,又像一个倒八字,可精美了。出土那天,当时村里大家都不知道这是什么东西,以为是过去为死人埋的陪葬,可是有一个黄家的老人说那羊角是吉祥物,抚摸一次就会得到保佑,尤其是年轻的男女,同时抚摸上天就会安排好他们的八字不会相克,保佑他们成为一对夫妻。于是一传十十传百,全村的年轻男女,不管是刚谈恋爱的还是准备谈恋爱的,都来抚摸那些羊角。博物馆的冯高照等那些人都抚摸过后,才笑着告诉大家,那是宝贝,是文物,只有考古专家才懂得是什么朝代的东西。现在,它们就放在我们县里的博物馆内。"

饭后,我让小吴的朋友带我去看看当年发现铜钟的地方。杨主任和徐大姐在屋里跟主人聊天,只有小吴愿意跟我去。我们上了两道山岭,来到一个长满青草的草坡,小吴的朋友说:"这就是后背岭。当时是11月了,这个坡基本没有什么草了,可是就在最陡坎壁上,还留下一丛特别长特别高的茸草,黄德兴家的老黄牛走上了那个坎,看着坎壁的绿草,不顾一切攀爬了上去,嘴巴刚吃到那丛草时,怪事发生了,牛蹄下面突然轰隆一声塌了下去,吓得老黄牛往后一退就跑,黄德兴也是惊魂未定,把牛赶到了坡底,自己忍不住好奇去坎壁看,才发现那里已是一个大洞,更令他惊奇的是,洞里黑黢黢地似乎有一个物体,他忐忑不安地慢慢凑近去看,发现洞里那个东西是一口钟,而且不仅仅是一口,好像还有好几口。他赶紧赶牛回家,去村委会报告,村里派人看了,也向镇里汇报,镇里汇报县里,县博物馆的冯高照就来了……"

我怀着强烈的兴致,踩着坎壁陡峭的泥径走上去,小吴似乎也很有好奇心,突然拉住我的手,说:"等等我嘛!"小吴的手光滑柔软,有一种凉凉的感觉,她财经学校毕业后就在我们公司工作,三年后就被盘总指定为公司出纳,五年了还没结婚。我来公司之前,公司曾经有好几个光棍都先后追求她,可是没有一个实现梦想。于是就有隐隐约约的风声传出,小吴是盘总的情人,盘总和老婆闹离婚已经几年了,小吴在等着盘总离婚。

牵手共同探寻羊角钮铜钟的发现地,让我顿时对小吴充满了幻想。我趁机握紧了她的手腕,而她也似乎心有灵犀,反手握紧了我的手腕。

那天下午的探寻满足了我和小吴的好奇,那个洞里早就长满了各种野草,看久了也是一片黝黑,很难想象,从这里起出了四口长着精美羊角的铜钟,想着那些文物,再联想那天上午见过的敲击出音乐的两对羊角,荒芜和不可预测的神秘填满了我的内心。

从浦北县平石村回来，我和小吴的关系渐渐变得微妙了，每天上班不是我借故去她财务室问一些关于工资和保险的事，就是她来我在的秘书科装作找报纸查文章。总之，我们似乎被一根线牵住了两头，那一头不动一下就会感到心里不踏实。

到了2014年初冬的一天中午，我在公司食堂见到小吴，邀约她一起去浦北县博物馆看看那几口羊角钮铜钟，"那天我们既然都在大岭脚看了那个洞口，何不去浦北看看那些铜钟呢？也好印证一下自己的想象。"小吴爽快地答应了。

于是我开车，载着小吴直往浦北县城驰去。

我们真的在县城博物馆看到了那些羊角钮铜钟。四个羊角钮铜钟为合模铸成，上小下大，截面呈橄榄形，顶有一对外撇的羊角形扳钮，上端开长方孔，内空。按照博物馆人员的介绍，羊角钮铜钟其实是一种乐器，它们4个为一组，现在一般的民族乐器只有5个音阶，而羊角钮铜钟有7个音阶，4个羊角钮铜钟就可以敲出一曲美妙的音乐。解说员还说，羊角钮铜钟是一种与铜鼓一样备受南方古越族所崇敬和喜爱的神圣器物，除了具备"击之为乐"和广泛用于赛神、祭祀仪式的青铜打击乐器的实用外，还被赋予了作为权力和财富象征的社会功能。

解说员最后笑着说："有一个秘密，也是羊角钮铜钟发现地，官垌镇平石村大岭脚屯的老人当年发现的，正在恋爱中的青年男女要是伸出双手同时摸一摸铜钟顶部的一对羊角，谁就能心想事成，百年偕老。"

听到这些介绍后，我既感到了获得知识的满足，又感到了一丝希望和喜悦，我瞅着那些铜钟顶部精致的一对对羊角，又想起了大岭脚屯小吴的朋友说的，我相信那是一种吉祥物，年轻男女抚摸一下就会实现美好愿望。小吴也似乎陷入了沉思，没有太多言语，只是一个劲地点头，不时嗯嗯应着，有点心不在焉。

许多人摸过了走远了。我拉着小吴悄悄地靠近那几口铜钟，说："我们也摸一摸吧，摸了心里的什么愿望都能实现了。"小吴嘻嘻地笑着，顺从地伸出了双手。

中午在县城的一顿丰盛的羊肉火锅又调起了我们的兴致，喝着热气腾腾的羊肉汤，吃着喷香的羊肉块，我开玩笑说："我们又吃到大岭脚的羊肉了。"小吴也笑了，说："可惜没有吃到羊头。"我奇怪地问："羊头有什么好吃？"小吴拿筷子作样要打我，最终嗔道："你真迟钝，羊头有羊角呀！羊角就像大岭脚的老人说的，是吉物，摸一下就会心想事成……"我恍然大悟，拿筷子直敲打自己的脑袋说："我真傻，我真傻……"小吴掰着我举筷子的右手，咻咻咻咻地笑起来。

两个月后，公司安排我们行政人员去南宁青秀山玩。傍晚，我约小吴去柳沙半岛玩，小吴问："南宁夜市好玩的地方很多啊，为什么要去柳沙半岛？"我说："带你去看看一座大桥。"小吴更不解了，仰头问："一座大桥有什么好看的？"我说："去了我再跟你说。"

我们打的士来到柳沙半岛，一眼就看到了那座造型奇特的大桥，小吴惊叹："真漂亮，像一边一把弹弓连成的。"我说："应该更像两只巨大的木马。"小吴咯咯咯地笑。我们先是从西岸风亭路开始过桥，听着车底下的深沉的乌隆隆声，一分钟后就到了对岸的英华路与半岛环线交叉路口，我们在附近下车，走上大桥的人行道，渐渐向那个巨型弹弓走近。黄昏中的英华大桥，远望有两只巨大的白色木马座跨在邕江两头，中间是一根穿马而过的扁担，那是黑色柏油路面和白色水泥边体的公路，双向六车道的路面上车辆川流不息。一桥飞架东西，将邕江两岸距离缩短为一分钟车程。

"现在你知道这座大桥像什么了吧？"在那个巨型弹弓旁边，我靠着桥栏，转过脸问小吴。

小吴张大眼睛看着，突然醒悟一般说："我知道了，像我们见过的浦北县的那个羊角钮铜钟！"

我笑了，说："还算你反应得快，这桥，真的就是那个羊角钮铜钟给他们的灵感。"

其实在来之前，我就从报纸上知道，英华大桥开工于2012年，报纸上说，英华大桥主桥桥型采用单主缆悬索桥，大桥造型灵感来源于广西浦北出土的汉代文物羊角钮铜钟，大桥上的这个"羊角钮铜钟"造型索塔高100米，塔柱在纵向由两个1/4圆形截面逐步合并为一个半圆截面，而桥塔既有古典韵味，又有现代美感，寓意"乐舞邕江，音绕八桂"，充分展示了广西丰富的文化底蕴。

小吴问："不知道那些神奇的铜钟还在浦北县不？"

我说："1996年自治区文物鉴定委员会专家小组鉴定，确认为国家二级文物后，羊角钮铜钟先后参加过多次国内外文物展览，现在已经留在自治区民族博物馆展出，铜钟和羊角大桥都留在南宁了。"

小吴说："其实这座大桥更有艺术品质，实用功能更是不用说。"

"我看了时间，开车走这桥一分钟就能过完邕江江，柳沙与大沙田往来更方便了。"我像个桥梁专家一样向小吴介绍。

夜幕降临，英华大桥上的灯亮了，大桥周边的灯也亮了，顿时，整个柳沙半岛成了灯光的海洋，五光十色的灯盏，把我和小吴带进了一个惝恍迷离的梦境中。

我一边身子倚着栏杆，一边身子迎着小吴的倚靠，看着她微闭的双目，我为她掠了一下滑到脸颊的头发，她喃喃地说："你相信了吧？大岭脚的老农说的是对的，摸过那羊角钮铜钟顶上的羊角，心里的梦想就会实现。"

我说："我当然相信啊。"

南宁游玩回去后不久，我和小吴的恋爱关系就在公司里传开了。半年后，我们在柳沙半岛附近的柳沙丽园小区购买了一套三居室。

新婚之夜，在柳沙丽园小区十五层的新房里，具体来说就是在一床大红大紫的锦被里，我把小吴紧紧地搂进怀里，在正戏开始之前，我还是不忘讲了一番人生感慨，我说："知道吗？从那年看到公羊打架，再到实地查看羊角钮铜钟发现地，再到参观浦北博物馆的羊角钮铜钟，后来，我们又游览了英华大桥，你有没有感觉？羊角钮铜钟真是伟大，它不单成就了一座英华大桥，现在，又促成了我们的婚姻和爱情……"

话未说完，小吴已开始在我怀里咿咿唔唔地撒娇。

梁晓阳，1971年出生，广西北流市人。中国作家协会会员，广西玉林市文联副主席，玉林市作家协会主席，北流市文联主席。在《花城》《中国作家》《天涯》《美文》等刊发表过作品。主要作品有长篇散文《吉尔尕朗河两岸》、长篇小说《出塞书》等，其中长篇散文《吉尔尕朗河两岸》获首届三毛散文奖，被北京人民广播电台录制成长篇音频作品播出，长篇小说《出塞书》出版后获好评。

廉说海角

吴世林

己亥年初春的一个正午,我驱车前往廉州中学,拜谒了校园内的古海角亭。

古海角亭的门楼很高大,一抹暖阳把它照得通红通红。我穿过一扇古朴的大门,走进静穆的古亭,亭内楹联、牌匾、石碑琳琅满目,仿佛穿越千年时光隧道,身临珠光璀璨的古代合浦,呼吸着古城的久远气息。

千年古亭,源于一个与南珠有关的神奇的海洋神话故事。这个神话故事后来成了一个家喻户晓的成语。

珍珠按产地来分,可分为西珠、东珠和南珠,且有"西珠不如东珠,东珠不

海角亭　　　　　　　　　　　　　（王廖科画）

如南珠"的习惯说法。这里说的南珠,是合浦产的珍珠,粒大色纯,光泽圆润,被誉为中国海水珍珠的皇后,国之瑰宝。据说英国女王皇冠上的那颗拇指大的闪烁明珠,就是产自中国北部湾的南珠。把这种珍珠放在阴暗的地方,光泽就会从珠体深处流淌出来,源源不断,有如灵动的生命。

自汉代以来,历代封建统治者都要合浦地方官上贡合浦珍珠,作为宫中珍贵用品或礼品。有一年,皇帝派太监坐镇合浦珠城,强迫珠民下海采捕夜明珠,否则将这一带珠民处死。采珠能手海生为了拯救珠民,冒死到杨梅池的红石潭采珠,此处水深礁多,环境凶劣,更有两条巨大的恶鲨日夜保护着夜明珠。海生不畏险恶,勇敢与恶鲨搏斗了三天三夜,负伤累累,鲜血直流,幸得珍珠公主全力救助,才免于一死。珍珠公主为拯救珠民,主动将夜明珠献给海生。海生得了夜明珠,回到岸上。太监闻讯欢天喜地,赶忙用一块崭新的红布将夜明珠包实锁入了檀香木盒内,然后连夜派重兵押运宝珠送往京城。但未待他们走出附近的梅岭,忽见海面一片白光,太监情知不妙,警觉地察看木盒,那颗夜明珠已不翼而飞,不知去向。太监吓傻了,慌忙回城强逼珠民再次下海寻找夜明珠。海生又被迫再次潜海,在海水里苦苦寻找,珍珠公主爱慕海生,不忍心海生在海水里冒险,再次把夜明珠献给海生。海生感恩不已,捧着夜明珠回到岸上,交给了太监。再次获得珍珠后,有人献出"割股藏珠"计。太监便叫手下把自己的大腿割开,塞入夜明珠,一直待到伤口痊愈后,再次起程回京。不料走近白龙界的梅岭时,忽然天昏地暗,惊雷四起,太监的坐骑受惊狂奔,把太监摔昏在地,只见一道白光划向海面。太监醒来叫人割开伤口,夜明珠又不知所终。此时,太监才明白,此事有违天意,但拿不到夜明珠,返京必死无疑,只好绝望地吞金而亡。这就是"合浦珠还"的民间传说。但在历史上,"合浦珠还"是有史实记载的。"(尝)迁合浦太守。郡不产谷实,而海出珠宝。与交阯比境,常通商贩,贸余粮食。先时宰守并多贪秽,诡人采求,不知纪极,珠遂渐徙于交阯郡界。于是行旅不至,人物无资,贫者饿死于道。尝到官,革易前敝,求民病利。曾未逾岁,去珠复还,百姓皆反其业,商货流通,称为神明。"(《后汉书·孟尝传》)

从这段文字记载来看,在孟尝任合浦郡太守前,合浦的采珠业相当兴盛。然而,由于朝廷和地方官吏串通一气,残酷压迫珠农,强迫珠农毫无节制地采撷珍珠,破坏了珍珠的生态环境,才出现了"珠遂渐徙于交阯郡界"的局面,北部湾一带从此产珠量大减,其严重后果造成了民不聊生。后来,孟尝出任合浦郡太守,大力整治沿海珠池,弃除苛捐杂税,打击宦官奸商,百姓重操旧业,恢复生产，"去珠复还"，珠民又恢复到往日那种其乐融融的捕捞和采珠生活。"合浦珠还"反映的是百姓的心声，希望当官的都能像孟尝一样，做清廉的官，爱惜老百姓的官，敢于为民请命的官，能为老百姓实实在在办事的官。

如今，在门楼前方开阔的广场里，立有孟尝的石雕像，其相貌堂堂，仁慈满怀。雕像旁立有一简介："孟尝，字伯周，东汉廉吏。会稽上虞（今浙江省绍兴市上虞区）人，初仕郡吏，后举茂才。历任徐闻县令、合浦太守。合浦原产珍珠，因官吏搜刮滥采渐移他处，他上任后革除前弊，去珠复还，深得民心。典故'珠还合浦''孟守还珠'即源于此。"据说孟尝因病请辞离任，合浦的百姓拉住他乘坐的马车，请求他留任。孟尝无法脱身，便穿着民衣乘着民船悄悄离去，随后隐居于偏僻的荒野，躬耕田亩，直至终老。邻县的读书人和百姓仰慕他的品德，有100多户人家主动搬过来与他为邻。

在北宋景德年间，合浦百姓因感念孟尝守土有责，革除弊政，珠徙复还，于是修建了这座海角亭来纪念他的伟绩。该亭距今已有一千多年了，经明清两代多次迁建，至隆庆年间才迁至今址。亭中有一块一米多高的石碑，刻有元代范椁写的《重建海角亭记》，标注了海角亭名的由来："钦廉僻在百粤，距中国万里而远，郡南皆岸大洋，而廉又居其折，故曰海角也。"

昔日的海角亭，濒临大海，"每潮汐至，涛声滚滚，轰然可听""江上帆樯如林，百舸争流"。千百年来，海角亭作为全郡的游览胜地，写满了一方百姓对孟尝的无限崇敬之情。

这座古亭，因廉而立，历经千年而不衰，越古越熠熠生辉，如今适逢盛世，又得以修葺一新，彰显着当代人民对清廉的赞美和期盼。

此时，有个问号在我的脑海里出现，合浦又称廉州，这"廉"字，是否因孟太守而得？但当地的朋友告诉我，孟太守虽廉洁，但廉州的得名，却因另有别人，这个人名叫费贻。

费贻，四川南安人，是有史记载以来合浦第一任太守。《华阳国志》称他"修身于蜀，纪名交趾"，是历史上清廉有节气的官员。他到任合浦太守后，勤政有为，爱民廉洁，针对百姓重采珠轻农业的弊端，采取多种措施，奖励百姓开垦荒地，种植五谷杂粮和瓜果蔬菜。他还亲自引进中原的竹筒水车、织麻养蚕等技术，带领农民修筑山塘、河坝、水渠，使水稻种植得以在合浦推广。

费贻在任期间，还大力推行"政清刑简"，做了大量有益于民生的事情。在任满离职之日，老百姓攀辕百里相送，一直送到郡界边上。百姓感念他的功德，便将洒泪惜别之处的大山称为廉山。《读史方舆纪要》记述,廉山又因为有廉垌而名,山下的田垌称为大廉垌,后世又将穿越合浦的南流江称为廉江,将城中的水井称为廉泉井。到了唐代,合浦又因廉山吏风之德,而名廉州。明崇祯《廉州府志》记载:"仕合浦太守为政清简,民怀其德,或合浦江山皆名廉者,以费贻故也。"廉山、廉泉、廉江、廉垌、廉州,"五廉"齐名,传世千秋,大开清廉勤政之风气。托物思情,"五廉"陈迹成了后世对清廉勤政的官德吏风寄情托意的最好载体。

廉州之廉虽然不是从孟尝起,但廉州却成了廉吏的会聚之所,对一方的官风吏气产生了深远的影响。有人考证,除孟尝、费贻外,史书记载合浦当地廉吏良臣高达 130 多位。例如,东汉的马援,三国的薛综,东晋的李逊,唐朝的颜游泰,宋朝的杨友、苏东坡、危祐,明代的徐柏、张岳等。

以清廉爱民著称的苏东坡大学士,被贬海南,后从海南返京途经合浦,因仰慕孟尝之廉名,专程来到古海角亭,凭吊孟太守。徜徉于古海角亭,他一定想起"合浦珠还"的典故,想起"去京万里"的京城……于是写下了"万里瞻天"四个大字,表达他忠君爱国的情怀,从而在合浦留下了一段佳话。后人把"万里瞻天"四个大字制作成匾,悬挂于古海角亭后门上方,与亭后的"古海角亭"石碑一起,上下呼应,至今仍辉映海隅。

清人陈司灌后来拟了一副对联:"海角虽僻山辉川媚,亭名可久汉孟宋苏",既描写了海角亭的胜景,又点出了此亭因有"汉孟宋苏"而与天同寿,又巧妙地嵌入了"海角亭"亭名。此佳联因其情景交融,自然贴切,被后人镶在亭正前面的两石柱上,成为"汉孟宋苏"的历史见证。

"汉孟清风绿海角,宋苏逸韵醉天涯"。古海角亭因其清风之意而影响了一代又一代钦廉读书人的仕途。以海角亭为题旨的诗文不计其数。冯敏昌及其诗文应该是其中最有代表性的。

冯敏昌是我的大寺同乡、壮族先贤。他 18 岁那年,赴廉州府参加例考,以一篇《合浦珠还赋》,拔得头筹,从此名震钦廉,一路夺冠,直至进士及第。冯敏昌到京师任职,为官清廉,洁身自好,在担任翰林院掌院学士和《四库全书》分校官时,不与《四库全书》总纂官和珅同流合污,得罪了和珅,后被排挤离京后漫游天下,开书院讲习。

阳春明媚,清风徐徐。漫步古旧的海门书院,一条悬挂在书院与魁星楼之间的大红横幅特别鲜红——"合浦外国语实验学校 2019 年中考冲刺誓师大会",可以想象前几天在这里举行的那场誓师大会,师生们是何等的群情激昂,对未来是何等的信心满怀。移步魁星楼,仰望在古代只有考取功名者才能拜祭的魁星楼,我在想,合浦的千秋廉名,靠的不正是这一代又一代的读书人在传承孟尝、费贻的廉洁清风吗?

吴世林,壮族,广西钦州市人,文学创作二级,中国少数民族作家学会会员,中国报告文学学会会员,中国散文学会会员,广西作家协会会员,钦州市作家协会副主席,鲁迅文学院第一期少数民族文学创作培训班学员,广西重点文学创作扶持项目签约作家。作品散见于《人民日报》《时代报告·中国报告文学》《广西日报》《当代广西》《新民晚报》等国内数十家报刊。作品获省级以上奖励9项,其中《东兴农村行》(散文)获1996年度全国报纸副刊作品大赛三等奖,《豚跃三娘湾》(报告文学)获庆祝改革开放40周年·广西区成立60周年文学创作征文一等奖。个人专著有《永远的白海豚》《海湾豚影》《追梦》等5部。曾任钦州市文联副主席,现任钦州市委党史研究室副主任。

海浪广场前的遐想

赖时奎

初到中马钦州产业园区，走一走转一转，听一听看一看，目光生生的。站在海浪广场前，定睛看着中马大门正面镶着的中国和马来西亚国旗，两侧充满窑变色彩的白海豚和银光闪闪的双峰塔，不禁心情澎湃，思绪万千，如同七月翻腾的热浪。

（一）

中马园这片土地，毗邻钦州湾，昔日是穷乡僻壤，人迹罕至，更无车马喧，如今却成了中国与外国政府合作的第三个国际园区，中国（广西）自由贸易试验区

中马产业园　　　　　　　　（王廖科画）

的一部分，并要打造成为中马合作旗舰项目和中国—东盟合作示范区，屡屡成为中马两国领导人会谈时所言及的重要内容。这放在以前，是很多人所不敢想的事情。

钦州，在历史的长河中，她"南临大洋，西接交趾，去京师万里"，比韩愈被贬到的潮州，柳宗元的永州和柳州，更为僻远，更为瘴疠，只与苏轼被贬的儋州相仿，同样被视为"天涯""海角"。史书偶尔提及，也是由于天灾人祸，或有官员贬谪至此，其他诸如经济的发展、文化的建设，则似乎与钦州有些绝缘。

车子沿着进港公路，一路奔驰至仙岛公园。在层层叠叠的木麻黄树映衬下，仙岛公园显得格外宁静。驻足在孙中山先生铜像前，顺着他的目光眺望着大海，只见蓝天白云下，钦州港塔吊林立，巨轮进出，集装箱云集，一派百舸争流、千帆竞发景象。孙中山先生与钦州有着千丝万缕的联系，他曾主导钦州王岗山之役、钦廉上思起义等反清斗争，还在《建国方略》中把钦州港规划为中国南方第二大港，这是钦州人民所津津乐道的事情。

钦州得到历史的眷恋并不多。由于沿海沿边，钦州在新中国成立后基本上没有布局工业项目，特别是1979年对越自卫反击战中，钦州属于战争前沿，发展经济受到掣肘，这种局面延续到1991年，中越关系实现正常化后，钦州才回到正常发展轨道上来。很长一段时间里，由于钦北防沿海三市同属钦州地区，为了避免重复建设，国家重点开发防城港、北海港，间隔在中间的钦州，虽有"南方第二大港"的建港优势，但是建设港口的事情一直被搁浅。改革开放不久，北海市就被列入全国14个开放沿海港口城市，与东部沿海城市同在了一条起跑线上。

钦州，该何去何从？不等不靠、艰苦奋斗、实干第一、上马第一！1992年，在没有上级政策和拨款的情况下，钦州人民靠着一股不服输、敢为人先的劲头，上下齐心勒紧裤腰带，10块100块地捐款，最终筹得2000多万元，为这片沉寂的海，送去了开港第一声炮响。1994年1月，钦州终于在连绵30多公里的山头上辟出了一条进港公路，在一片荒芜的海滩上建成了两个万吨级码头泊位，从此结束了钦州"有海无港"的历史。

此后历届政府克绍箕裘，始终把钦州港建设作为头等大事，相续建成了3万吨、10万吨、30万吨级的码头航道，最终把钦州港建成了"亿吨大港"，并借着中国—东盟自由贸易区、广西北部湾经济区的东风，成功获批全国第六个保税港区，顺利引进中石油集团、中船集团、中粮集团、国投集团、上海华谊集团等一批世界500强、中国500强企业入驻，20年间主要经济指标翻了三四番，一举改变了钦州的经济版图。

站在海浪广场上,只见绿树成荫,夏蝉低鸣,花香弥漫着整片天空。回想起钦州波澜起伏的发展历程,真是值得可歌可泣。机会总是垂青有准备的城市,正是钦州有着这样的发展韧劲、发展基础、发展速度,当国家倡议与马来西亚合作共建工业园区时,这个天大的好事也就落到了钦州头上。

(二)

那天,我迎着大海喷薄欲出的朝阳,去追寻着中马园的点点滴滴。下了滨海公路,沿着中马大街、锦绣大道前行,只见穹隆般的中马国际科技园、红瓦黄墙的智慧物联产业园、东盟特色的亚太创教空间、高端大气的国家燕窝及营养保健食品检测重点实验室,美轮美奂的企业厂房、红树林小区、专家公寓,舒缓地布局在中马园3万亩的土地上,使人目不暇接。

在中马园,遇见很多建设的亲历者、见证者。他们聊得最多的是中马园的未来,对于建设初期的不易则轻描淡写一句:保税港是吹出来的,而中马园是推出来的。这让我百思不得其解,多番求教才明白:所谓的吹,是在一片汪洋大海中,靠吹沙填海建起了保税港,以至于一段时间里,人们驾车到此,定位显示还是大海。所谓推,是在一片茫茫荒野中,靠推土机,以"愚公移山"精神推平了3万亩丘壑,才有了这一马平川的园区。

中马园生于斯长于斯,离不开人民的支持。中马园所在地,叫作犀牛脚镇,是一个海边小镇,土地盐碱化,农作备尝艰辛。当地村民说,以前没有什么吃的,只能吃沙虫、青蟹度日。钦州港异军突起,如同沙虫青蟹成为"香饽饽"一样,犀牛脚靠海的优势逐渐显现出来,最终以中马园落户达到高潮。为此,犀牛脚人民欢欣鼓舞、锣鼓喧天。当征收苦竹坑村780亩集体土地时,村民没有谁漫天要价、从中作梗。正因为有着犀牛脚这群识大体、懂贡献的农民,中马园3万亩土地顺利征收,为建设打下了基础。犀牛脚人民为中马园所做的贡献和牺牲,是永远值得我们记住的。

中马园的成长,也离不开钦州党员干部忘我的付出。那时,钦州抽调了大批精干力量驻扎在这里,他们受任于攻坚克难之时,要在一片荒山中建设国际化园区。没有住房,就搭起简易工棚,一住就是几年。没有道路,就逢山开路,遇河搭桥。工期紧,就"五加二""白加黑",与时间赛跑。没有企业,就踏遍千山万水去招商,引进一个又一个企业。他们就像一面面飘扬的旗帜,以坚忍不拔的恒心和初心,在这里书写了中马园从无到有、从小到大的奋斗史。

几年下来,当地政府考虑最多的是,将园区放在"一带一路"建设中进行谋划和推进。现在,中马园已经借鉴中新苏州工业园区的规划管理经验,率先实践法人机构治理模式,构建起以资本为引导的园区开发模式,并且不遗余力地推动"两国双园"国际合作、加快国际产能合作等,所取得的成效也是有目共睹的。眼下的中马园,不仅仅是一个工业园,更是一个功能配套完善的产业新城,一座宜居的城市。

等闲识得东风面,万紫千红总是春。从 2012 年开园至今,两千多个昼夜,数以千百计的建设者,用智慧和汗水浇灌出中马园这朵希望之花。钦州精神,钦州速度,足以令世人刮目相看。

(三)

夜宿钦州中马园区,夜半无端惊醒。站立在阳台上,炎热已渐散去,微风拂来,一阵凉过一阵。点点繁星下,大风江如蜿蜒巨龙,奔流至海,绵延不息。

人们记住钦州,大多是因为冯子材、刘永福。1885 年,法军侵占镇南关,冯子材临危受命,亲率钦州子弟兵,与黑旗军刘永福互为犄角,重伤东部法军统帅尼格里,夺得镇南关大捷,使清军在中法战争中转败为胜。每每温习这段历史,都难以抑制对这座城市的敬仰。

化茧成蝶、凤凰涅槃,绝非易事,跨过去了就大不一样。刘永福说:"人生在世,如遇极不难之事,何妨当难视之,如遇极难之事,且当不难视之。"

如今的中马园发展与其他国际园区发展前期一样,也遇到招商引资等种种困难,但这点困难算得了什么呢!风物长宜放眼量,任何事物发展都会有一个发展过程,不可能一蹴而就。即便中马园今天不赚钱,明天也会成为摇钱树。如同小孩,三年免于父母之怀,三十而立,多给它们一些时间,最终将会证明,中马园会成为钦州发展的引擎。

哪里有愿望,哪里就会有路。

"以前这里是一片荒山野岭,没有路根本进不来。"钦州市委副书记、中马钦州产业园区管委会常务副主任高朴在接受中国经济时报记者采访时感叹道,如今这里产业项目和城建项目建设齐头并进,一座宜商、宜居、宜游、宜工、宜学的现代化产业新城将平地而起。

"中马钦州产业园区独特的区位优势和享有的多重政策红利是最大的吸引力,希望借此面向东盟,辐射全球。"广西浦晶光学有限公司相关负责人在接受中国经济时报记者采访时表示。而这也是中马钦州产业园区内大多数企业的共同想法。

截至2019年下半年,中马钦州产业园区总投资已超过160亿元,开发范围超过22平方公里,注册企业超过380家,引进产城项目超过150个,协议总投资超1000亿元,初步构建了以电子信息技术、新能源汽车、生物医药、高端装备制造等战略性新兴产业为主导的发展格局。其中,鑫德利光电、凯利数码、慧宝源医药、科艺新能源、浦晶光学、天昊生物、由你造3D打印等十多个具有发展前景的高新技术项目相继实现投产。

更为欣喜的是,重大项目布局也在突破,总投资100亿元的广西泰嘉7.5代超薄玻璃基板生产线、总投资70亿元的中农批国际冷链与清真产业基地、总投资超过20亿元的川桂产业园项目相继落户并计划开工建设。

"一带一路"西部陆海新通道的建设和中国(广西)自由贸易试验区钦州港片区的获批,是钦州多年来努力奋斗的一个回报。如今钦州进入了历史最好的发展时期,不仅国家政策叠加,而且发展基础扎实,发展中的问题都将会在发展中得到逐个解决。

夜半的中马园,静谧而安详。当听到那偶尔传来的汽笛声声,一幅幅园区美丽图景在我脑海中呈现,一幅幅"一带一路"西部陆海贸易新通道枢纽城市的壮美画卷在我脑海中闪现,我仿佛听到了昔日丝绸之路山间回荡的驼铃声声,看到了大漠飘飞的袅袅孤烟。

赖时奎,壮族,1986年9月生,广西钦州人,新加坡国立大学李光耀公共政策学院毕业,在职研究生,公共管理硕士,钦州市作协会员。2008年参加工作以来,在《广西日报》《钦州日报》等报刊发表散文、评论等各类文章150多篇。

那场月夜的盛宴

梁妙玲

当天边晚归的云霞恋恋不舍地收回最后一丝目光,圆满无比的月亮徐徐地从山后面走上柳梢头,乐民镇的夜便苏醒了。

又是一年一度的八月十五中秋佳节,月圆之夜。一年365天,只有这一天的月亮最大,最圆,最明亮。它那皎洁的面庞,妩媚的姿态,承载了多少美丽动人的故事:广寒宫里琼楼玉宇,嫦娥仙子翩翩起舞,吴刚正在卖力伐桂。千百年来,"嫦娥奔月"令人们津津乐道,思慕不已。而"月上柳梢头,人约黄昏后"又为人们带来另一番意境。充满诗情画意的故事,给人们带来许多美好的遐想。

舞青龙　　　　　　　　　　(张光裕画)

古往今来，文人骚客喜欢用最美的语言描绘月亮。"昨夜圆非今夜圆，却疑圆处减婵娟。一年十二度圆缺，能得几多时少年。"唐代李建枢这首《咏月》，最巧妙之处是整首诗没有一个"月"字，却道出月亮从盈到缺的变幻无穷。"三五明月满，四五蟾兔缺"，"三五"，指的就是农历十五，此时的月亮称为"满月"，也叫"望"。为什么把"满月"称为"望"？这就不得不佩服古人的智慧，农历的每月十五日这个时间，正是月亮与太阳深情相望的时候，因为毫无遮掩，月亮被太阳"望"得满面羞涩，通体红彤透亮，所以天文学称之为"望"。如果用现代科学解释这个"望"，就是地球运行到太阳与月球之间，而又没有遮挡月球的时候，月球的整个半面这时恰好朝着太阳，被太阳照射得很光亮，显出如玉盘一般柔美的光辉，而生活在地球上的人们，发现这晚的月色特别迷人，便抬头仰望星空，欣赏那轮满月，于是，农历的每月十五就成了"望"月。

天上月圆，地上人圆。

正因为有"望"这么一个美好期待的日子，我们人类才有了灯火与望月的交相辉映、天上人间的美满时刻。

而在浦北乐民镇，农历八月十五"望"月的主角并不是月亮。人们翘首以盼的不是天上那轮满月，而是在满月升起后，那一场盛大的人间烟火大剧——"舞青龙"，那是个浩浩荡荡、异彩纷呈的热烈场面。

"舞青龙"是乐民人最最激动人心、最最期待的时刻。为了这个与天同庆的美好时刻，乐民人每年农历八月十五的前几天就开始忙碌。他们忙着准备的并非中国传统的中秋月饼，而是当地极富特色的"蕉叶龙"，因为是用蕉叶做成的龙，青翠碧绿，人们称为"青龙"。

龙，是中华民族的象征，是神勇、吉祥的化身。数千年来，"龙"已逐渐成为一种文化，在人们的心中占有神圣而不可取代的地位。"龙"文化起源于距今八千多年的新石器时代，在农耕文明的早期，人们对神灵的崇拜和五谷丰登的祈望，使他们心中形成了一个集马头、鹿角、鱼鳞、鹰爪、鱼尾于一体的神兽，并赋予它能吞云吐雾、呼风唤雨、有求必应的本领。"民以食为天"，五谷是人们赖以生存的根本，人们对大自然的依存度越来越紧密，盼望"龙"这一神兽能保佑风调雨顺、五谷丰登。古代人们十分注重祭祀，《礼王制》载："宗庙之祭，春曰礿，夏曰禘，秋曰尝，冬曰烝。""舞龙"包含有"风调雨顺国泰民安"之意，人们之所以舞龙祭祀，就是希望通过以这种形式与神灵对话，以求来年庄稼丰收。

乐民镇"舞青龙"这个既神秘又充满民俗风情的民间活动，却与传统普罗大众的"舞龙"祭祀的意义不一样。它来源于一个传说：相传明朝成化年间，有姓"丁"与姓"薛"两大家族在乐民镇造街兴市，形成乐民圩，一时商贾云集，十分繁华。不知从哪年起，每年的农历八月十五之夜，集市上就会有白虎现身，伤人伤畜，当地官府数次带人围剿白虎，均因白虎来无影去无踪而徒劳无功。因此，每年临近农历八月十五，乐民人谈虎色变，家家户户闭门不出，街道一片冷冷清清。等过了月圆之夜，白虎消失，人们才敢出门。

乾隆三十八年，合浦廉州出了一个著名的地理风水先生，名叫康基田，时任廉州知府。某日，康知府前往寨圩、乐民一带巡视，浩浩荡荡的队伍刚走到蒙竹地界，突然扑的一声，康知府乘坐的轿子被一支暗箭射断了轿杠，吓得他满头大汗，他定了定神，走出轿子四下察看，周围一片寂静，草木不动，只有不远处的菩娇山顶出现一股妖气，康知府掐指一算，原来是妖精作乱，他勃然大怒，下令衙役与当地的民众拿锹、锄前往菩娇山顶，在山顶处挖一个深10米的洞，然后把大量沾着桐油的柴草往洞里填，他亲自拿火点燃柴草。一时间，菩娇山顶大火冲天，浓烟滚滚，一大群大鸦、细鸦从洞里仓皇而逃，被守候在蒙竹峒田边的衙役用箭全部射死，大鸦死在的那块田，当地群众就叫作"大鸦田"，细鸦死在的那块田，人们就称为"细鸦田"。

康知府剿灭了妖精后，继续鸣锣开道，前往乐民方向进发，他刚踏进乐民地界，看见乐民石山耸立，姿态万千，峰峦叠嶂，丛林苍苍，景色迷人。康知府兴致勃勃，一路赏景一路行至乐民圩。熟谙地理风水的康知府一看乐民圩所在地，马上眉头一皱，原来，他看到乐民圩建在白虎地上，而且正中白虎头。从地理风水的角度解释，老虎地有王者之气，代表着权威。按理说是一块好的风水宝地，但问题在于这是一块饿虎地，老虎饿了，就要吃人。只有老虎吃饱了，这里才能生龙活虎，虎虎生威，当地人们才能平安、幸福、吉祥。

康知府当即指点乐民百姓在附近的三帝庙前建一张肉食铺，以满足饿虎的食欲。此外，每年的八月十五中秋节之夜，用蕉叶制作青龙，举行舞青龙祭祀活动，以青龙压制白虎。

说来奇怪，自从乐民人按照康知府的话去做，每年的八月十五中秋节再也没有白虎出来作祟，乐民圩年年风调雨顺，平安吉祥，兴旺发达，呈现太平盛世的境况。

从此，"舞青龙"便成为乐民人每年农历八月十五的传统习俗。

如今的乐民镇的"舞青龙",与一般的舞龙有所不同,一共分为7个环节:扎龙、请龙(祭龙)、舞龙、会龙、送龙回宫、打扫卫生、品尝龙粥。

临近中秋节,乐民镇东、南、西、北、新区等五个街道制作青龙的负责人早早准备好竹笏、木条、纱纸、电管、荧光条等材料,将制作青龙的材料拿到街头,集体制作青龙头。各街的青龙头都是经过精心设计,与众不同,别具一格,代表了本街人的精神风貌。青龙头的制作过程,体现了民间传统手工艺的传承与发展,将技巧和审美融合于一体,带有艺术和精神的双重性。制作者需要有非常娴熟的技艺和丰富的情感,那是一种对中华传统文化的虔诚,是建立在日积月累的实践探索中不断成熟的思考。青龙的各部位有特定的寓意,突起的前额表示聪明智慧,鹿角代表社稷和长寿,牛耳寓意名列魁首,虎眼体现威严,鹰爪代表勇猛……

扎青龙头最讲究的还是点睛,古有"画龙点睛"之说,须要当地德高望重、三代同堂的人方可点睛。手执朱砂笔,点睛之前,口里还得念诵听不懂的经文,一笔点下去,龙便睁开眼睛,据说龙开眼了才能看清楚白虎所在。

青龙身的制作也颇具一番周折,要用新鲜的芭蕉叶扎成。天没亮,人们就上山割取带着露水的芭蕉叶,在割叶之前,须先摆上供品焚香祭祀山神,上山神贴,洒上神米,祭祀一番后才能割芭蕉叶。据说,经过祭祀割下来的芭蕉叶比较青翠柔韧,芳香持久,做龙身不易破烂。扎好芭蕉叶龙身后,再往龙脊背上插上点燃的仙香和竹筒油灯,舞起来既是一条青龙,又像一条火龙,甚是壮观。

一条蕉叶龙(青龙)扎成后,长的有100多米,短的也有几十米。每条龙可容纳舞者多则上百人,少则几十人。舞者不限年龄,不限性别,见者有份,只要你想参加。说来奇怪,参加舞青龙的人,从未听说被龙背上的香烛烧伤过。

当太阳收回最后一缕余晖,一天的使命至此结束。各家各户在自己家门口贴上"中秋佳节共庆太平,是晚五彩青龙巡游踵府"。东、西、南、北、新区街头,几个身穿道公师服的男子对着太阳消失的方向,摆上三牲,点起香烛,斟满美酒,洒上鸡血,虔诚地唱起古老的歌谣,时不时躬身作揖,请神龙显灵。众人一番祭祀后,随着几声呐喊:"舞龙开始!"瞬间鞭炮齐鸣,鼓乐喧天,灯火通明,烟花满天,一场人间烟火盛宴顿时拉开了序幕。

东街的八音锣鼓唢呐最先响起,在唢呐声中,舞龙的队伍浩浩荡荡地先去拜龙头社和镇政府,随后,在鼓乐声中有节奏地沿街边行边舞。紧接着西街、南街、北街、新区的青龙分别从不同的方向边走边舞朝十字街会合而来。青龙所到之处，每个铺面大开门庭，张灯结彩，门口处点燃香烛，燃放烟花爆竹，迎接青龙的巡游到来。四面八方来的游客人山人海，认识的，不认识的，都参与其中，共同舞龙。

天空中烟花怒放，青龙头的荧光管闪闪发亮，龙身上的蕉叶筒油灯摇曳生辉，光彩照人。绚丽的彩灯、霓虹灯、油筒灯交相辉映。此刻，月亮仿佛也黯然失色，躲进云层里。

狂欢的人们持续进行着他们的欢乐，一百多号人托着青龙身，一起大声呐喊，随着龙头摆动的方向手忙脚乱地变换舞姿。有些外地来的游客，唯恐被龙身上熊熊燃烧的油筒灯烧到自己，小心翼翼地左躲右闪，顾此失彼。偶尔被一两盏油灯碰到，他们就会吓得大呼小叫起来，结果却发现毫发无损，非常惊喜地继续跟着大部队左扭右摆。小朋友们则兴奋地提着柚子灯围着青龙钻来窜去，时不时被大人呵斥，但他们充耳不闻，他们可是将来舞青龙的接班人呀！大人们也许想到这点，于时，任由他们像猴子一样跟着青龙东施效颦。

十字街头，一改白天的温文尔雅，狂热得不亦乐乎。五条青龙汇集于此，火光冲天，鼓乐震天。龙头碰撞龙头，互相问候对方，东龙和西龙缠缠绵绵，仿佛久别重逢的恋人。南龙与北龙上演二龙戏珠，你追我赶。新区的青龙不甘示弱，也挤过来分一杯羹，三国大战。东龙与西龙叙旧完毕，也过来争夺龙珠。一时间，十字街头烟火滚滚，炮声不绝于耳。唢呐声声，战旗猎猎，烽火阵阵，激烈争夺的场面如同诸侯国之争。

月至中天，舞青龙大剧进入高潮，随着越来越密集的鼓点，越来越多的鞭炮烟花火光四射，人们的欢呼声震耳欲聋。手执明灯引球的年轻人身挂彩炮，燃炮开路，时而把点燃的爆竹凌空飞舞；时而把手里明灯引球划过头上，形成一道道美丽的圆弧。龙头的动作变换越来越紧凑，支撑着龙身的人们从凌波微步到人跨步、跳跃步。虽然气喘吁吁，可是人们脸上露出兴奋的表情。激情燃烧了整个乐民镇的夜空。

晚上9点左右，鼓点慢慢变弱，舞青龙的人仿佛接到某种指令，动作也跟着缓慢下来，东龙率先往镇外偏僻的地方一路舞过去，其余四龙有序地跟在后面，一齐往送龙的地点走去。来到焚烧青龙的地点，人们开始争先恐后地拆龙：抽龙筋、剥龙骨、拔龙须、砍龙角……据说谁得到龙角、龙筋、龙骨、龙须者最幸运，拿回家里可以辟邪消灾，放到猪栏猪壮大，放到鸡笼防鸡瘟……

人们把剩下的青龙"骸骨"焚化升天后，各家各户主动打扫卫生，然后大家回到煮龙粥的地点集体吃龙粥，或者拿龙粥回家分享，据说吃了龙粥可以延年益寿，平安吉祥。

年年有今日，岁岁有今朝。不论刮风下雨，乐民人每年八月十五中秋节舞青龙的热衷不改，从不间断。"文革"时期破四旧时曾被行令禁止，但人们仍然偷偷摸摸舞青龙。如今，乐民人舞青龙的历史已经有250多年。经过岁月的沉淀与历史的打磨，乐民的青龙制作及舞龙形式愈发多种多样，形成了全国独一无二的舞龙风格。2011年，乐民镇中秋"舞青龙"文化项目被列入自治区级非物质文化遗产，得到了有效的传承与发扬。

"火树银花不夜天"。一场盛大的烟火宴会，在月夜里渐行渐远。西沉的月亮给狂欢的人们头顶画了一道圈，下一年，再见！

梁妙玲，广西钦州市钦北区人，壮族，广西作协会员，现供职浦北县文化馆馆长。曾在市、省级报纸杂志发表过多篇散文、小说、杂文、随笔。近年来转向影视文学创作，其中《天降王子》《外卖飞船》《我在山中等你》等十多部电影文学剧本先后获得国际、国内等奖项。

水经过处皆有情

梁 沃

章氏家族魅力，在数量、体量，更在质量。多年来，那些漫过我记忆和想象的河床，关于桐油坪的古树、古井、古村落建筑，时而斑驳陆离，时而清澈明澄。那不断叠加的人文风光，一再催促我去赴一场文化的饕餮盛宴，探究这座古村落的风水密码。

曾经的古村落，已然被现代城市分割。在闹市中，我找到了桐油坪村，想象中的古风激荡，如今被一巷二巷三巷四巷五巷有序排列，烙上现代街市新鲜字印。几位衣着不俗的老人，听说我要找传说中的"秀才村"，都纷纷举起了大拇指。

几经辗转，我终于和章氏后人在太傅书院见面。宗祠大门两侧贴着对联"派传浙水，族聚钦江"，简单明了的八个字，彰显一个家族的前世今身。每一个祠堂，每一盏香烛，昭示着的是过去也是未来。耄耋老人章慈芳和步入古稀的章国举、章泰添，聊起过去，眼神笃定而慈祥。随着老人深邃的目光，我想象的翅膀，时而聚拢，时而放飞。

四百多年前，古城西北向，那是一片未开垦的原生态土地。从"浙水"到"钦江"。明朝中叶，章氏的祖辈，没有像当时的浙江人，功成名就后隐居遁世；而是折流而下，辟疆拓土。我想起毛泽东劝说柳亚子，不学严子陵垂钓江湖，要投身时代洪流，"风物长宜放眼量，莫道昆明池水浅，观鱼胜过富春江。"从章氏后人嘴里得知这是一支来自齐鲁的血脉，兼具中原的雄武和富春江南的婉约。此刻正飞流直下，和这里的大海撞击，荡起一片光华。

章氏一门依山而筑，傍水而居，因为深谙"得山水清气，极天地大观"，水流绕门而过，桅杆岭桥横亘江面。在乡村，有桥之处多为繁喧之地，桥锁水口能带旺河流的两岸。天气垂氤，地气腾氲。在出口处，水势减缓化汽蒸腾，降水滋润两岸。氤氲化育，物产丰沃。老人回忆，有一房太太生了五个儿子，一个儿子经营米铺，一年有十万斗谷（约200万斤），在号称"谷埠"的渡口停泊和周转。商贾辐辏，舸帆争流；鱼虾腾跃，河鲜丰盛。想象得出当年的热闹和兴盛。

古井悠悠，诉说着世事如水。

大人们经常带孩子岸边垂钓。河面波光点点，舟楫绕岸，孩童戏嬉，那是生命中何等的惬意时光。孔子在泗水涨潮之时，也携弟子到河边，故有"君子遇水必观"。章氏人知道大水天上来，水能滋养人的心灵，水可以化育万物。

迈进章氏绍美堂，这是南方最常见的传统民居建筑形式。"井"字格局呈中轴线两边对称，两侧是"伸手"廊屋。开门即迎亲接友，尤显亲善、和谐。在布局设计和环境意识上，"前庭"和"后院"一虚一实连续推进，彰显阴阳合德的艺术魅力。"庭院深深深几许"，欧阳修的《蝶恋花》道尽了中国传统建筑的延绵无尽，家族团结、家实兴旺。在庭院深处，是个体跟族群的关系。息息相关、痛痒相关、荣辱相关，家庭成员一起同休戚，一起共进退。东方庭院的神韵，不仅是建筑格制，更是精神家园。巷、道、廊、瓦、檐组成了独特的空间氛围。左右相握，前后勾连。同愿同行，同心同向。中央一池碧水，或荷或菊或竹。有清风岁岁除尘，有软语日日呢哝，滋养着一代代章氏人的性情。

后院两方五米高台，是大人孩子经常登临的地方。"高"意接苍穹。眺望星星观赏月亮，与天地对话，放飞心中思绪。"台"可作议事之地。你三言我两语说见闻，思想在这里交集交流，观点在这里交锋交融。开阔视野，激发孩子对故土家园的绵绵情怀。

绍美堂门前是一亩见开的大广场，视野开阔，竹林成荫怡人，果木招摇成趣。这里民风敦厚，方圆里外的百姓喜欢往来于此，其中有一个人，在中国历史上赫赫有名，他就是威振中外的镇南关大捷将帅冯子材。当年，以学识传世的章氏祖辈广开书院，将左右廊房设置为学堂，学子两百多人，一年四季，书声朗朗。少年冯子材，在章家做短杂工，修犁补壁，目睹了章氏人用谷粮接济乡邻，筑桥铺路、凿井引水、捐棺义葬的善举，莫不影响他幼小心灵。他进出绍美堂，聪明勤学，师生学识砥砺冯子材的心智。在这里，孩子们接受知识教育和思想启蒙，人生观实现"为人之学"到"为国人之学"飞跃。许多年后，冯子材当了太子少保回乡，感念并迎娶章氏养女。若干年后，冯子材兴办武馆和学堂，倡捐镇龙楼，重修乡梓书院培养乡人，奏请清王朝在钦州开科考试增学额，推动钦州教育事业，无不与其这段少年经历有关。

在老人的印象中，民国时期章家就十分注重教育，不管是男孩女孩，只要适龄均可进学堂读书。每天早上六点多，村里孩子排着长队步行二三里上学。一条条纵横交错的村巷、水田、溪流，波动着一座古老村庄无限的生命意象。眼前芳草迷离，垣墙浮光跃金。我仿佛听到了章氏族门的学子和邻村孩子们，奋力开拓的喘息和呼吸，甚至歌唱。

老人滔滔不绝，如数家珍。是的，章氏一族珍宝很多。眼前的太傅书院，是一座具备古代宗祠的明清风格建筑。屋顶双龙抢珠、翘首飞檐、砖墙花饰、门顶壁画无不古香古色，庄重恢宏。宗祠为纪念章氏远祖太傅仔钧公和历代先祖而建，也曾多次广开学堂故称太傅书院。岁月在画像上留下深深印痕，但仍可以读出主人公显赫的历史功勋。这里有图书馆和阅览室，有族人捐献的书刊二千多册，包括各类词典、年鉴，包含政治、经济、文学、历史、科技等。每月逢初一、十五对外开放。如果说钦江是章氏一族炫动人生的舞台，太傅书院就是国内外章氏族亲凝聚力量的平台。钦州章氏族人遍布全国各地，国内有香港、台湾，国外澳洲、美洲、加拿大、泰国、英国等地。每年清明，国内外族亲回钦拜祭祠堂祖辈，传承和弘扬孝道亲情、尊宗敬祖，促进家族的亲和力、凝聚力和认同感。

走进侧厅，2017 年荣获全国十大家训之一的"章氏家训"，赫然在目——

传家两字，曰耕与读；兴家两字，曰俭与勤；安家两字，曰让与忍；防家两字，曰盗与奸；败家两字，曰嫖与赌；亡家两字，曰暴与凶。休存猜忌之心，休听离间之言，休作生愤之事，休专公共之利。吃紧在尽本求实，切要在潜消未形。子孙不患少，而患不才；产业不患贫，而患喜张门户；筋力不患衰，而患无志；交游不患寡，而患从邪。不肖子孙，眼底无几句诗书，胸无一段道理。神昏如醉，体解如瘫，意纵如狂，行卑如丐。败祖宗之成业，辱父母之家声；乡党为之羞，妻妾为之泣。岂可入吾祠而祀吾茔乎，岂可立于世而名人类乎哉！成石具左，朝夕诵思，切记切戒。

"耕读传家"既学谋生又学做人；"休作生愤之事，休专公共之利""岂可入吾祠而祀吾茔乎，岂可立于世而名人类乎哉"，用心做自己难，用情对他人不易；修行自我难，奉献社会更不易。所以黄公望在传世之作《富春山居图》跋尾说"庶使知其成就之难也"。章氏家训注重"个体"和"公众"的关系，民族观念高于家族观念；家乃国之基，因此"修身""齐家"至关重要。孔子曰"君子居家理，故治可移于官，是以行成于内，而名立于后世矣"。在家里尽孝悌之道、治理好家政的人，会把理家的道理移至做官治理国家。家训涵盖了个人与家庭、

社会的道德关系,一个人如果兼具家国情怀,道路会越走越广阔;一家之长,能知道善恶的取舍才是真正的智者。

欲识潮头高几许?弄潮须是弄潮人。我翻阅章氏族谱,章氏一族,原来是炎帝的一分支。据史籍所载,炎帝姓姜,第五十代姜尚(姜太公),其第三子受封于鄣国,后弃"阝"旁改姓章。四十九代章仔钧,因守城有功官封太傅,宋追封琅琊王,练夫人护民有功,封越国夫人。章氏一门十五子皆为国之栋梁。

章氏钦州始祖章琼,原籍浙江,明朝成化任湖州府通判,满任后经亲友指引携眷落籍钦州,他遵奉家训耕与读,教子育孙,奋力开拓。明朝中叶,四百五十年间开枝散叶五千余人。乾隆、嘉庆和道光年间最为鼎盛。明清两代,章氏青年崇尚文化,获得州庠生(秀才)、禀生、拔贡生、岁贡生、恩贡生和举人等75人。自民国以来,攻读大学的章氏子女更是逐年增多,蔚然成风。据2010年全国第六次人口普查统计,全市受大专以上教育的人口1.2万人,占全市人口的1.5%,而受高等教育的章族人占比是全市的7.5倍。据2014年八修族谱统计,钦州章氏人数5046人,其中大专学历266人,本科232人,研究生12人,留学生17人,硕士19人,博士5人,共计551人,占钦州章氏总人口的11%。2010年的钦州官方报纸,一篇以《钦州有个"秀才村"》为题的文章开头这样写到:"医圣李时珍的故乡湖北省蕲春县蕲州镇,有一条500米长出百名博士的街,叫东长街;陶乡广西北部湾钦州市亦有一条不足一平方公里的秀才村,叫桐油坪村,该村章姓二百余人,自从宣统年间章正枢被地方公推入两广高等师范成为该村首位大学生后,从该村走出去70多位大学生,平均每3人之中便有一位大学生。其中一家三代皆本科不乏其人。"数字彰显实力,"秀才村"名至实归。历史早已赐予这一脉文化腹地,什么样的精神资源,孕育出什么样的家族面貌。一个精神灿烂的群体,便可以活成一种传奇。

按理说,钦州章氏一族家大业大官大,十八条自然村却没有留下片砖片瓦。独存这太傅书院,独留这二千多册族人捐赠的书刊,以飨后人。我的思绪掠过周边独立遗世、形态张扬的古建筑群,镂耳硕大处处映透皇权声威、彰显雄性追逐与扩张的秉性。"但留方寸地",人人皆以祖居为荣耀。佛界尚想留形住世,何况人乎?

章琼之后,章献中走到历史前台,成为章族的第二号"灵魂人物"。这位清朝获"世上清廉第七"之称的云南大理通判。18岁考取秀才,后由于学行兼优成为国子监的拔贡生。嘉靖十四年(1535年),章献中协助知州林希元考察钦州山川形胜、风土人情,共同编纂《嘉靖钦州志》,保存了钦州的政治、经济、军事、农业、社会生活等方面的珍贵资料,被后来许多地方志纂修者奉为典范。章献中长年为政凤兴夜寐、劳心劳力，自始至终保持节俭廉洁作风，后病卒官舍，除书籍和旧衣物，只有遗俸白银五钱。朝廷认为其居官有功，居乡有德，其嘉言懿行，堪当后世楷模，遂下旨将其崇祀乡贤祠，俎豆馨香，令后人知所则效。

每个人的成就既源于姓氏郡望，也得益于祖先高居官位为后人提供的深厚祖荫。章氏一族尤以家学及礼法等标异于其他诸姓。当然，后人也争起力追，为自己的家族再添一笔荣耀。鼓点急急催奋进，潮起自有竞舟人。章氏各行各业的精英依次出场。勇于保民而殉职的四川督标左营守备章宪；受到清帝多次召见、奖赏的左江总兵章式成；民国期间办学获国家颁发嘉禾奖章的钦州县教育局长章正枢，钦州人为纪念他特建立了"耀垣图书馆"（章正枢：字耀桓）；有一心为民的章萃伦县长；更有鲜为人知的日本首相老师章荫伦。

明末清初，仁人志士忧心国家危亡。江浙一带，作为国家政治文化中心，读书人开始关注"实学"。诸如李时珍、徐光启、宋应星、顾炎武提出的"经世致用"，一句"天下兴亡，匹夫有责"，架构起那一代人的精神纬度。章氏一门结交各种各样的朋友，广猎群书，喜欢观察研究实际生活中的事物，不像传统的读书人重"道"轻"器"，看不起具体的物质世界与生产技术，强调民富才能国强，"兴于诗、立于礼、成于乐"，培养孩子注重全面发展和成长。他们身上融合了浙江和钦州的精神，"不唯上、不唯书、只唯实"，从"耕以致富，读能荣身"的朴素愿望到"胸怀天下、振兴中华"的理想追求。正因为有了这样的家风和精神，章氏一族人才如涛拍岸喷薄而出：电子专家章日荣、橡胶专家章日华、土壤专家章日英、石化专家章日让、测绘专家章日俊、书法家章厚伦、高级造纸工程师章穗芳、舞蹈家章英伦、音乐家章日昌、体育健将章颖芳、中医推拿针灸专家章小平、"教育世家"章日炽，等等。

1949年肄业于中山大学的章日炽，一生从事教育工作。自曾祖父章治唐起，连续六代72人从教。1991年被中国教育工会、《家庭》杂志社评为"全国优秀教育世家"，广西仅此殊荣。祖父章正枢曾说"钦州武功人才辈出，有冯子材、刘永福这样的民族英雄。但是科学文才却寂寂无闻，这是钦州地方落后的主要原因"，弥留之际章正枢留下遗言："我任教数十年，没有留下多少产业，只培养了你们三人读大学。望你们继承父业，也将弟妹们扶植到大学毕业，教书育人。"历史反哺现实。章家朴素的教育思想和冯子材兴教育人的义举，以文化的形式得以传承，"遗财不如遗德，积富不如造福"。中国耕读文化所秉持的重要道德修养，就是儒家强调的"修齐治平"，将读书劳动的身体力行与道德情操的理想追求结合起来，实现报效国家、造福百姓的人生价值。

树有根，水有源。章氏族谱不但能够记录生前身后，还记载族人的嘉言善行。家族文化，是一个家族发展繁荣的变迁史，也是一部教育后人的教科书。"忠厚传家远，读书济世长"，正是中国耕读文化孕育了自强不息、勇于担当的民族精神，培养塑造了一代又一代改天换地的时代弄潮儿。

文化者文而化之，美化自身言行、外表、生活、环境，都是一代一代有心人有情人，默契、默不作声、静思默想的孕育和成长的过程。大族的生命力，源于历代祖先累积传承的教养、行为和观念，以及强有力的人口保障。由于文化的出现，人生的终极任务，不只是繁殖，还有文化的创造和传承。临风览胜章氏的宏篇巨轶，文化不是一场呼之即来的饕餮盛宴，更不是觥筹交错的繁花落尽。眼前这支撑了近五百年的文化现场，还有我未曾涉及的境界。仰之弥高，钻之弥坚。

在结束这篇文稿时，章氏族人正在表彰今年13名"高中"的孩子，"北京第二外国语学院，南方医科大学……"并按每年惯例，全族捐资奖励。以663高分考上中山大学的章琳林用自己的话鼓励兄弟姐妹："只争朝夕，不待日夜。心怀敢教日月换新天的豪迈，不忘初心，砥砺前行，凭借自己的努力实现自己的梦想，回报家庭，回报宗族，回报社会，回报祖国"。太傅书院高挂"欲穷千里目，更上一层楼"的横幅，分外夺目。

心所向，情所至。远处是波光粼粼的钦州江，更远外是波涛翻滚的北部湾。时而缓慢而抒情，时而激昂而浩荡。或许正是这种依山傍水的疆域，以其顽强而博大的生命力，生机盎然地养育了层出不穷的文士武将，造就了章氏家族独特的人文景观和不朽的人生篇章。

梁沃，广西作协会员。第四届鲁迅西南班学员。作品曾参加"广西潜质作家百名展"。著有散文集《荷香竹影》《今天的觉明天醒》，诗歌集《指间花》。在迢迢无尽的征途中，努力让足下所踏更接近草的颜色和温度，把文字伸向悲喜哀荣，把笔墨掷向善恶美丑。

天湖之上

林巧云

当太阳从地平线冉冉升起的时候，一座美丽的县城便笼罩在橘黄色的晨光里。

随着晨光散去，生机蓬勃的县城便跃出了画面。从城中缓缓流过的马江河水折射着粼粼波光，缓缓流过静卧在马江河上的风雨桥。风雨桥雄伟而优雅，两岸边的树木和建筑透视着晨光的余晖，美得迷离。江边的水车悠悠地转动着，仿佛在述说年轮的回旋以及这优美环境的惬意。

马江之畔，青山环绕，典雅而富有文气的文昌塔坐落在舒缓的山脊上。巍峨的公猪脊山峦，在初升的阳光照耀下显得那么的清新和绿秀。

浦北，历史悠久，文化底蕴深厚。据《浦北县志》记载，早在新石器时代中期，浦北县境已有先祖繁衍生息的迹象，光人类居住遗址就有七处。千百年来，浦北在历史的演变中，变的是归属和辖地，不变的是自古形成的人文底蕴。一次次凤凰涅槃，孕育了源远流长的越州文化、底蕴深厚的陶瓷文化、根深蒂固的书院文化、丰富多彩的民俗文化和特色鲜明的生态文化。

千年文脉，百年书院。清末年间，浦北就拥有 16 家书院，这在广西许多县份都是罕见的。当你走进古色古香的大朗书院时，院门开启，你仿佛穿过时空阻隔，领略到那书香萦绕的书院文化了。

有文就有武。浦北境内的六万山，历来是藏龙卧虎之地。民国十年，李宗仁将军率领的西军（广西军）在东军（广东军）的追击下，曾率众千余人潜伏于六万山腹地，养精蓄锐；六万山大藤峡起义和桂平金田起义的农民军，都曾在山上留下了许多安营、起灶、点将台等遗迹；就是抗日战争期间，蔡廷锴将军在六万山脚下的乐民乡设防，也留下了将军洞、将军井等遗址。

浦北地灵人杰，往南有南流江通往中国古代海上丝绸之路发祥地泉水港、合浦港；而且，在南流江一带，出了一个抗日先烈共产党员张世聪，也出了一个抗日的国民党上将、素有"儒将"之称的香翰屏。

说起浦北，自然会想到距今有 1500 多年历史的越州。越州的由来据《南齐书》记载：泰始四年（公元 468 年），西江督护陈伯绍带兵征讨刘恩道到合浦北界（今浦北县石埇镇坡子坪村委仰天窝村一带），见二青牛惊走入草，使人逐之不得，乃志其云"此地当有奇祥"，于是奏请皇帝在此地置越州，于是在泰始七年（公元 471 年），皇帝恩准在"此地当有奇祥"的地方建越州城，又称"青牛城"。

越州故城遗址，经历 1500 多年的风雨沧桑，留下的只是残土碎瓦，原来的建筑物早已荡然无存。据史料记载，原越州城呈回字形，占地面积约 24 万平方米，城周长 2028 米；城墙用土筑成，北高南低；北城依山而筑，地势险要，残墙最高处达 14 米，其余平均高约 3 米，城基最宽处达 16 米，一般为 8～9 米。城墙上每百步筑有一突出城墙的"马面"；故城有东南西北四个城门和护城河，其中北门、东门穿山而过；城外还有外城墙，城内有子城（俗称官厅地），依山坡筑于城内西北区，地势较高，筑有瞭望台，可雄踞全城，是个既安全又可控制全局的地方。

史载，越州当时辖区很宽，共辖百梁、忧苏、永宁、安昌、富昌、南流、临漳、合浦等地；南齐时，辖区增至 20 个郡。版图东到茂名，南达雷州半岛，西接钦州，北至容县一带（见《中国历史地图集》），是一个与广州同时并存的省级军事、政治中心。

在故城遗址不远处，有一建筑风格为中西合璧的建筑群——香翰屏故居及后花园嘉李园。建筑群内有亭台楼阁，在葱茏的花草树木映影下，显得十分幽深雅致。与越州古城的雄伟相比，却是另一种风韵。

离越州古城不远，是始建于两汉合浦郡城的港口——泉水镇旧州古渡，珍贵的丝绸、珍珠和陶瓷，从这里源源不断地沿着海上丝绸之路销往东南亚各国。一时，这里成了商贾云集、贸易火爆的地方。

越州天湖，因越州而得名。那里原来没有湖，建了小江水库后才形成了湖。

越州天湖位于小江水库库区，南北走向，纵深长达 52 公里，湖区面积 79 平方公里；湖泊之间相互萦绕交错，像条玉带缠绕着周边的山岭。极目远眺，碧波万顷，烟波浩渺，远山含黛。看着朦胧的湖光山色，印象中的景色便在脑海中妖娆起来。

接近景区，不含一丝粉尘的清新空气飘荡过来，接着，嗅觉里立刻布满草香、树香和花香，就像森林和花海里的气味，顷刻间让人神清气爽，吸着富含氧离子且无任何杂质的纯净空气，人会迫不及待地融入近处或远处的浓重墨绿和姹紫嫣红中去。

即使是秋天，春依然存在。苍翠如染的绿色植物和彩色树种透着墨绿、涨着颜色，在风中微微地抖动着枝叶，顺便释放着氧、喷发着春；娇艳的花朵亭亭玉立地在微风中摇摆着姣美的身子，红的、黄的、粉的、白的，摇摆中透出一股股芳香。这时，只要轻轻的吸上一口，便沁入心肺长久留香，久不散去。

进入景区，首先映入眼帘的是傲然挺立在山坡上的五层宝塔。那宝塔古色古香，亭阁式结构，门、窗、樑、柱、围栏是橘红色的，塔身和翘檐是白色的，每个翘檐的尾端都挂有一个小铃铛，风一吹，铃铛便叮叮当当地摇晃起来，给宝塔增添了另一种精彩。登上了宝塔最顶层，俯瞰整个天湖景色，极目之处，浩瀚、秀美、壮丽，那花草树木与山光水色交相辉映，恍若仙境，妙不可言。

赏心悦目的蓝色小道旖旎地通往天湖各个方向，橘黄色的椭圆形路灯醒目地站在路旁，紫红色的亭台楼阁优雅地立在春色中，与盎然的树木花草争艳，古色古香的长廊在开着黄花的树丛中逶迤伸展，泥红色的浅桥探向湖中央，在波光粼粼的湖水和充满着勃勃生机的植物衬托下显得更加优雅。真的是："绿树阴浓夏日长，楼台倒影入池塘"。

风乍起，吹皱一池春水，刹那间，恬静的湖水微微泛起涟漪如柔滑的丝巾般漫延。这是一幅多么美丽的图画啊！此情此景，若能荡舟碧波，那就更有情调了。

"舟行碧波上，人在画中游"。在湖中游弋又是另一番情趣。游船在湖泊中时而直线、时而曲线平稳地游弋。发动机的声音惊扰了栖息在岸上树丛里的白鹤，先是掠过湖面然后向另一片绿洲飞去，这些大自然馈赠给天湖的白色精灵，在缤纷的色彩点缀下显得更加地洁白。

船行至在天湖边上的伏波滩和东坡渡，上岸便可见到伏波庙。伏波庙里供放着伏波将军的神像。那是在公元前111年，伏波将军马援驱军南下，途经浦北境内的南流江，在此留下了伏波滩的遗踪。

在伏波滩缓慢行走，脑海不时闪现伏波将军骑着大宛马、身披战袍、手持象鼻古月刀、率领千军万马驰骋在刀光剑影中的画面。"贼每升险鼓噪，援辄曳足

以观之,左右哀其壮意,莫不为之流涕"。仿佛透过那伏波庙,看到了一个老当益壮、马革裹尸、不死床箦的悲壮人物。

宋代大文豪苏东坡在1110年,从琼州(海南)到永州,取道合浦,溯南流江北上,路经浦北境内,因此,这里才有了纪念他的东坡渡……

越州天湖,可以用人文、历史、景观、色彩、动感、形状来诠释她的美。到越州天湖游览,不但能让你饱览岭南独有的湖光山色,还能让你穿越到有1500多年历史的越州古城,让你回望古今英烈的英雄气概,让你回望海上丝绸之路的繁荣景象。

林巧云,笔名云子。中国微型小说学会会员,广西作家协会会员。钦州市第七批优秀青年科技人才。1991年开始文学创作,已出版小说和散文集5本。作品入选《中国当代微型小说方阵》《2017年中国微型小说排行榜》《微型小说选刊》《清风廉雨——反腐倡廉题材小小说集》等。诸多作品发表于《羊城晚报》《湛江日报》《当代广西》《广西文学》《西部散文选刊》《小小说大世界》《精短小说》《百花园》《钦州日报》等。《城市上空的鸡鸣》获第九届全国微型小说三等奖;《惯性》《打铁三》《高手》分别获第三、第四、第五届"界首骨科杯""方隆杯"广西小小说大奖三等奖。

遥望远方的"钦州舰"

方 文

一生中总有一些事情难以忘怀。我登上了"钦州舰",可算是其中的一件。

那一天定格在 2013 年 7 月 1 日,是香港回归祖国 16 周年纪念日,是中国共产党诞生纪念日,同时是"钦州舰"的诞生日。

那一天,因要举行"钦州舰"和"惠州舰"的入列命名仪式,受中国人民解放军驻香港部队的邀请,我随着钦州代表团提前一天来到了香港,入住在香港部队军营招待所。

钦州舰　　　　　　　　　　　　　　（王廖科画）

钦州为什么能与海军军舰结缘？为什么能以"钦州"命名？为了弄明白这个问题，出发之前，我查阅了1978年中国海军公布的《海军舰艇命名条例》，才弄清楚了相关规定：我国大型的巡洋舰以省（区）命名；大中型的驱逐舰、护卫舰以大、中城市命名；核潜艇以"长征"加序号命名；常规导弹潜艇以"远征"加序号命名；常规鱼雷潜艇以"长城"加序号命名；扫布雷舰以"县、州"命名；猎潜艇也以"县、州"命名……

傍晚，与代表团成员外出散步，站在军营的铁丝网内，眺望着海湾对面的香港，灯火金碧辉煌，一片繁荣景象。我想，既然选择钦州为海军军舰命名，除了钦州的城市规模和临海以外，还因为它连续7届荣获"自治区双拥模范城"的缘故吧。

之前，广西被荣幸命名的有南宁驱逐舰（051型）、桂林导弹驱逐舰（051D型）、玉林导弹护卫舰（053H3型），只是这几艘军舰均已完成历史使命，光荣退役。

这次在香港即将被命名的两艘舰，是我国自行研发的新型护卫舰，自动化程度很高，每艘舰舰员编制只有60名。护卫舰的主要任务是担负海上巡逻警戒护航、单独或协同其他兵力执行反潜作战、对海作战等使命。

那一夜，在军营头枕着波涛睡觉，我睡得特别沉。

第二天一早，几辆军车到军营招待所接上我们，直奔"钦州舰"和"惠州舰"入列命名仪式所在的香港昂船州军营码头。

昂船州军营码头上红旗招展，锣鼓喧天，乐声阵阵，警卫队伍沿着警戒线五步一哨十步一岗，会场布置得既热烈又庄严。受邀前来参观的香港市民欢声笑语，有秩序地进场；来自世界各地的媒体记者早早便在会场等候，操着长枪短炮抢占着拍摄的有利地形。主席台面对着海面，"钦州舰"占据青龙位置停泊在码头左边，"惠州舰"守着白虎位置停靠在码头右边；军乐队穿着整齐的白色礼服列队站在主席台前，手执长笛、单簧管、萨克斯、双簧管、巴松、圆号、小号、长号、大号；腰挎大鼓、大镲、小军鼓等乐器，只等着指挥官的指挥棒挥动起来。

香港是个港口城市，回归后不可一日无海军。可是，等这一天海军的进驻，整整等了16年。这一次，中国人民解放军驻香港部队隆重举行"钦州舰"和"惠州舰"入列命名仪式，让香港振奋，让国人欢呼，让世界瞩目。香港的守护，终于拥有了自己的海军！

那一天，时任香港特首梁振英和驻港部队司令员王晓军、政委岳世鑫带领香港政要，出席"钦州舰"和"惠州舰"的入列命名仪式，为仪式抹上了浓浓的政治色彩。仪式上，时任香港特首梁振英和驻港部队司令员王晓军均发表了热情洋溢的讲话，广州军区杨玉文副政委宣读了授予"钦州舰""惠州舰"舰名和舷号的命令，驻香港部队王晓军司令员向两舰舰长、政委授予了军旗及命名证书。

"钦州舰"的横空出世，让钦江与香江有了某种意义上的联系。"钦州"这座英雄的城市，其声望、其精神将通过"钦州舰"和世界新闻媒体传向世界各地。

钦州舰和惠州舰入列命名仪式结束后，钦州代表团即前往钦州舰参观。钦州舰上上下下彩旗飘飘，全体官兵着白色军礼服，冒着烈日排着整齐的队伍恭候我们的到来，舰艇大队长和政委亲自在舷梯下方迎接我们上舰，向我们致以最高级别的敬礼。

代表团团长、时任钦州市市长李新元在座谈时说："钦州舰的入列命名，在驻港部队和钦州人民之间架起了军民友谊的桥梁，为两地的拥军爱民工作开辟了新平台、增添了新活力，对强化钦州市民的国防观念、进行爱国主义教育和建设和谐社会将起到积极作用。"在钦州舰上狭小的会客厅，军地双方代表进行了友好会谈。冯尚连大队长感谢钦州家乡代表千里迢迢前来看望，并表示要发扬英雄故里的刘冯爱国精神，为祖国的繁荣昌盛保驾护航。随后，时任市长李新元向钦州舰官兵赠送了家乡的纪念品坭兴陶，冯尚连大队长向钦州代表团回赠了"钦州舰"模型。

上到驾驶室，冯尚连大队长用自豪的语气介绍说，钦州舰为我国自行研发的最新型护卫舰（056型）。该舰配备了FL-3000N舰空导弹系统，采用3-2-3布局，共8枚装导弹，最大射程超过10公里。舰艇安装有76毫米主炮、防空导弹垂直发射装置和反潜装置，中部安装有高射速炮、反舰导弹，后部安装有第二套防空导弹垂直发射装置和直升机起降平台。现在的主炮和高射速炮都不再像过去需要人工炮上操作，实现了装弹机自行装弹，操作人员在舰体内通过雷达、影像系统和红外线等多种方式搜索目标，像玩电子游戏机一样用控制杆进行操作。大队长还介绍说，钦州舰具有隐身性能好、电磁兼容性强、先进技术应用广泛等特点。

在钦州舰上的所见所闻,那些自动火炮、舰空导弹和自动操作系统让我感慨万分,浮想联翩。想起在170多年前,就在这不远的海面上发生过一场不对等的惨烈海战。当年英帝国主义挑起鸦片战争,就是从这里的海面入侵广州,那时由于国家没有强大的海军,对英军舰队的炮击只有招架之功,没有还手之力。正是由于鸦片战争的失败,清政府被迫在南京签订了中国近代史上第一个不平等条约中英《南京条约》,将香港割让给了英国。虽然目前我们的海军还不够强大,但国家已意识到没有海军的强大,就不是真正的强大,没有海军的国防,就不是真正的国防。鸦片战争后不间断的各种侵华战争,终于让沉睡了几千年的东方雄狮觉醒,中国人民在中国共产党的领导下进行了奋力的抗争,终于打败外国侵略者,推翻三座大山,建立了中华人民共和国。从此,中国人民终于站起来了!

前事不忘,后事之师。毛泽东同志在新中国成立之初就已明示:"我们一定要建立一支强大的海军!"伫立在阵阵海风袭来的钦州舰上,抚望香港辽阔的海面,感慨祖国越来越强大。如今中国人民解放军海军终于成长起来,成为守护国家的海上武装力量,担负着保卫国家海上方向安全、领海主权和维护海洋权益的任务。目前,我国海军建制全面丰富:既有水上的舰艇部队,也有水下的潜艇部队;既有水面上的航空兵,还有岸上的陆战队、岸防部队等兵种。北海、东海和南海3个舰队的现役舰艇总吨位仅次于美国,是西太平洋地区最大规模的海上武装力量。自从2012年9月,第一艘航空母舰"辽宁舰"交接入列,中国也有了海上的"巨无霸"……

时间一晃几年过去了。从登上钦州舰的那一刻起,我便发现我喜欢上了钦州舰,一直关注着钦州舰的动向。每一次钦州舰参加军事演习,便隐隐感觉有大事要发生。就在代表团回来不久,2013年7月5日,在香港东博寮海峡,中国人民解放军驻港部队惠州舰、钦州舰首次参加海空联合巡逻,便因为当时南海不平静,黄岩岛争端火药味十分浓烈……2019年4月,在人民海军成立70周年之际,驻香港部队海军舰艇编队赴海南海域开展实弹射击训练,钦州舰和两艘登陆舰参加了训练,又时值香港的多事之秋。

这几年来,钦州市政府多次在建军节前去香港部队慰问钦州舰的官兵。钦州舰也于2016年7月5日,航行近500海里,回到了娘家。钦州舰在钦州港停靠三天,举行了军地互访联谊、舰艇开放日、捐资助学等活动,让广大市民零距离感受到钦州舰和全体官兵的风采。

感谢有您——钦州舰,一张钦州市的海上移动名片。无论您走到哪里,哪里就彰显着钦州这座英雄城市的魅力!

方文,回族,1956年8月出生于广西罗城。1973年10月参加工作。1982年毕业于广西师范大学,文学学士。广西作家协会会员。曾任钦州市人大常委会副主任。1984年开始发表作品。1990年创作电视剧本《大地之子》,后拍摄成三集电视剧《寻找天边的人》,获全国第四届少数民族题材电视艺术"骏马奖"三等奖;1995年主创电视专题片《黄是勇》获中央组织部第四届党员电教片评比一等奖,国家新闻出版署"全国优秀科技音像作品奖"二等奖;2009年小小说《假如组长》获广西全区反腐倡廉题材小小说评选优秀奖;2009年随笔《不能说"算了"》获《广西人大》杂志社征文二等奖;2011年散文《那山那竹那些人》获钦州市"党在我心中"征文比赛一等奖;2012年小小说《两筐青蟹》获钦州市文学创作奖一等奖。现任钦州市天涯文化研究会会长。

烟墩大鼓报春晓

梁重懋

这几年来，每逢正月开年，我都要接待外地来的几拨朋友，他们除了馋我家乡的大粽、粉利之外，无不是冲着"烟墩大鼓"而来。记得前年有一个朋友，车子开了有二百来公里吧，刚到我家，车还没停稳，摇下车窗就大声嚷嚷，说终于能到烟墩亲自摸一摸，看一看，听一听，打一打"烟墩大鼓"了，要不，死也不会瞑目！那语气，那神情，煽动得同来的人也跟着嚷嚷，饭也不吃就想要我立马带去打大鼓。

我虽是烟墩人，一下子却不知道从哪个方面开始写"烟墩大鼓"为好，因为其文化底蕴是极其深厚，其文化内涵又是极其广大的。

我很迷恋"烟墩大鼓"。也许，迷恋家乡是每一个作家都有的天性，但有我如此迷恋家乡的作家不一定很多，即便迷恋，能把整个身心长期浸淫在家乡的作家恐怕也没几人有如此的机会。记得，32年前于正月里搭班车去首府南宁读书的时候，才过我们烟墩镇一个叫六局村的地方，离家也仅有十来公里，突然间却感觉心里空落落的，一种烦躁迅速

烟墩大鼓　　（王廖科画）

爬满全身，总感觉忘了什么留在家里了。一路寻思一路颠簸，一路颠簸一路寻思，哦！原来是听不到大鼓声了！后来，工作了，走的地方不少，接触的人也多，每年春节回去，在老家打了几天大鼓出来，纳闷：怎么没人说起打大鼓的事呢？问别人，都摇头，都不解，都是一头雾水不知天的样子。我说：喏！就是那种大鼓，高高的，大大的，用一根原木剜成的，上面大下面小，上面是鼓面，鼓面蒙上牛皮，下面是鼓脚，用木楔子插入固定，再用一条条竹篾把牛皮往鼓脚下拉紧的那种鼓！喏！就是那种鼓面小则五六十厘米，大则一二米的鼓！喏！就是那种高一米多两米甚至三米的大鼓！喏！就是那种要搭一两层甚至三四层大板凳才打得到的鼓！

那时候，我并不知道我们每年春节必打的这种大鼓在中国乃至整个世界各地都没有。每年春节过后，通过电话或者书信问天南地北的人："今年春节你们那里的大鼓打得不错吧！打到你手疼了吧？打到你腰酸了吧？打到你神魂颠倒了吧？"听者都哑言，都莫名其妙，甚至有人以为我是不是得了神经病。嘴在我口上，讲不讲由我，听不听、信不信由你，反正每年我都能享受，都会感动，所以别人知不知道我们烟墩大鼓我并不是很在意。

在2001年夏天，中国著名小小说作家沈祖连先生和散文家、诗人严芝强先生来我烟墩老家玩，他俩刚好看见我家摆在角落里的那只大鼓，让我顺便说一说大鼓的事。那时候我还好奇，他们的家乡没有这种大鼓吗？好奇归好奇，一阵咕嘟，我把知道的关于大鼓的事说了不少出来。听了之后，他俩惊奇、沉思，然后异口同声地说"有文章！"不是他俩回去后到处嚷嚷，就不会有那么多作家、美术家、摄影家，以及各类记者到烟墩来。不是他俩的嚷嚷，别说是钦州地域，恐怕连灵山人也不知道有"烟墩大鼓"的存在。记不起钦州日报记者肖雄帅先生是不是第一个在正月里来的人，2003年正月他来了，第二年又来了，他不辞劳苦，历时两年跑遍烟墩的村村寨寨，于2005年2月在钦州日报刊发了一整版并配了图片的《烟墩：击鼓迎春》。于是，各路人马才开始关注"烟墩大鼓"。

再后来，"有文章！"这句话激起了我的创作欲望，从2001年至2007年，我花了整整七年时间创作了"烟墩大鼓"小小说系列，别看这四万字不到的17篇小小说，却是我在烟墩用了不知多少个昼夜到鼓场感受而来的。庆幸的是，《广西文学》《大南方小小说》《钦州日报》都看上了此小小说系列。更庆幸的是，此小小说系列又被中国作家协会属下的中国小说学会看上了，将其中

4篇作品选上了《2008中国微型小说年选》,从而引起广西作家协会、广西小小说学会及灵山县委宣传部、灵山县文联的关注,并举办了"梁重懋作品研讨会"。于是,在中国乃至世界上独一无二的"烟墩大鼓",得到各级政府及众多媒体甚至中央电视台的高度重视,将这种古老且地域性很强、文化底蕴深厚的"烟墩大鼓"向国内外进行宣传、推介。且经过许多独具慧眼的人士的不懈努力,将"烟墩大鼓"成功申请入选省级"非物质文化遗产",得到了广西乃至全国各地的关注。

不过,外面的人对"烟墩大鼓"的了解只在表面,别说"骨髓",就连"肉",恐怕是没几个人能吃到一块的。

那就让我带你们感受一次原汁原味的"烟墩大鼓"吧!

烟墩镇是广西灵山县下辖的一个镇,打"烟墩大鼓"的人,有十几个自然村,十万多人。烟墩这地方之前是广西与广东的分水岭。一块只有半亩见方的坡地,这头是广西,那头却是广东,或许,一丛荆棘,昨日才在广东发了嫩芽,说不定今天就已疯长到了广西的地面上。这里的人大多是明清时代从外地搬迁而来的,几百年来不同姓氏之间虽有过小打小闹,却还算是一个平安祥和之地,且都有遵循打大鼓的习俗。

小时候,我喜欢跟大人去打鼓,不论是本村或者去别村。那时去听鼓是真,想学打鼓也是真,但更真的,恐怕是去等那香喷喷的夜饭上桌。那时候大家都很穷,除了米不轻易外借之外,恐怕就连番薯之类的杂粮,也是不敢轻易借给别人的。可是,正月里,一旦知道有外村人扛大鼓到本村来打的时候,各家各户却大方得很。知道有人要到家里筹集钱粮,大家都在家里等着,有哪一家被绕开了,却要气喘吁吁地赶上去,将米筒往箩箪里一倒,或者将手中的红薯、木薯往篾箕里一放。若是女人,会瞥了一张小嘴,若是男人,倒也大方,看见担担的人喘着气,便抢过去把担子往自己肩上一压,抬脚边走。现如今,大多都迈过了"温饱"那个坎,那种挑着箩筐去筹集钱粮的时代一去不复返了。无论是自己村里有人相约去打鼓,或是过往到别的地方碰见有人打鼓,随便掏出钱包一打开,一张,或者几张"老人头"丢进那红红的集资箱里,哈着大气,接过别人的鼓槌就打。

关于烟墩大鼓,本来,剜鼓是有得一说的,只是,怎么找到适合剜鼓桶的原木,剜鼓的师傅怎么剜得一只好鼓,那是靠缘分,靠对鼓的构造原理的领悟及技术,想说,那只有通过写那些寻原木的人及剜鼓人的故事,才能感受一点点,而说那些人,一下子也说不清楚,不说也罢。

那就说说蒙鼓及蒙鼓人的事。

也许，朋友们现在到烟墩来，看到的大鼓大多数是用钢丝绳把牛皮勒紧在鼓身上的，就像用麻线绑粽子一样，不伦不类，说像大腹便便的男人却似孕妇，说似孕妇却像从圆桶倒出来的丑男，一点美感也没有，令许多老人都嗤之以鼻。其实，七八年以前，顶多也就十来年以前，烟墩人都是用篾条蒙鼓的，用篾条蒙的鼓不但看起来质朴，古拙，威武，有韵味，且由于篾条自身的韧性、伸缩性使得牛皮的弹性发挥得更佳，使得鼓声该清脆时更清脆，该悠扬时更悠扬，该轰鸣时更轰鸣。而且，从砍竹，破篾，到蒙鼓，再到正月十六罢鼓之后的卸篾，收藏鼓皮等过程都是一种享受，是烟墩大鼓文化不可或缺的一部分。

记得，以前村里人蒙鼓是很讲究的，男人在农历十二月二十四那天，一大早祭拜好了灶公，就要到村里逛逛，看看哪个也闲了，说说哪家的竹子好，或者去年在哪家砍过竹子了，今年该去哪家砍。说着说着，说到哪一家的竹子长得旺盛，哪一家的竹子竹眼小，竹好破，绞竹索蒙鼓更好，就走到哪家的竹园子里，三下五除二，砍了竹子破了篾，又蜂拥着寻找去年大鼓藏身的地方。当然，还有那张昨夜从墙上取下来，又放进水茫沟里浸泡了一夜的牛皮。

烟墩本来就是一个在广西有些名气的竹编之乡，男人都懂得砍竹、破篾、编织篾篮或者竹幔，对用竹篾扭成缆索蒙鼓更是不在话下。三五个男人，从砍竹到完全蒙好一只能打出好声音的鼓来，半天时间也是可以了的。其实，在整个蒙鼓的过程，也是村里人拉家常的过程，这边男人们砍竹、破篾、蒙鼓，那边灶房里小孩烧火、妇人煮饭炒菜，这里说一年的收成，那里讲明年的计划，或改种什么什么，或去哪个地方做什么更合算，更盼今年的大鼓打得更过瘾……

烟墩人因何而打大鼓，又是从什么时候开始有打大鼓这个习俗，目前还没有人找得到只言片语的文字记载。但，至今还完好无损，鼓身标注有清朝某年哪一村置，且还在打的鼓却有好几只。至于打鼓的鼓谱，更是找不到书面的记载。每年春节打鼓时，怎么开鼓，怎么滚鼓，怎么收鼓，锣、钹（本地人称钞）又怎么和大鼓相配相衬相应，怎样才能将鼓声的震撼力达到极致，都是人与人之间手把手教出来的。这种人与人之间的言传身教，世代相传，因此，流传至今，各村之间已经有不同的打法出现，但都大同小异。

烟墩人打大鼓的时间是很特别的，每年从农历十二月二十四祭拜好"灶神"蒙鼓开始，大多数都是打到次年正月十五晚间凌晨过一点，但有些村有些人，是将大鼓一直打到正月十六很晚的时候。或许，这是由于某些村子正月里添儿孙的

人家初十吃"挂灯节"、十三吃"庆灯节"、十六吃"落灯节"的缘故。十六那晚担着酒菜到供奉土神的地方请大家，一边吃喝一边打大鼓一直到凌晨把红灯落下还不过瘾。在正月这段日子里，烟墩人无论白天黑夜都是可以打大鼓的，但一般都是晚上打的多，因为白天人们要劳作，要探亲访友。

除正月外，在一年中无论婚丧嫁娶、红黑白事，烟墩人一概不打大鼓的。老人一代一代传下来的是，还没到开鼓的日子或者打鼓的日子已过，哪个把大鼓抬出来打，哪个就会受到上天的惩罚，会肚子疼或者会生病，一年到头都不会顺利，等等。也许，"击鼓迎春""春早勤为计""迎春纳福"等是烟墩人打鼓的初衷，也或许，因为古时候盗贼太多，大鼓是烟墩的先人为了防盗贼而互传信息特意制作的，但无论怎样，现在的烟墩人打大鼓已纯粹是娱乐了。虽是娱乐，却与别的娱乐有天壤之别，因为打大鼓要有力气，要有精神，心灵上更是要有共鸣，才能打出那种翻江倒海、压倒一切的气势。正月里，大鼓都摆在经常聚人的地方，谁高兴就约谁去打，或者干脆就自己一个人打。当然，善勇好胜的烟墩人，是不安于自己打鼓的，都喜欢向人挑战，也就是烟墩人说的，去拼鼓。拼鼓的意思是找人拼比，看谁的鼓最响，谁打得最好听，谁最威风，谁最有劲，有点"拼鼓论英雄"的意思吧！拼鼓有约定的，有临时的。我自己觉得，各村之间的约鼓更有意思，也更有趣味，你村正月初几到我村，我村又是正月初几到你村，办好酒席，酒足饭饱，打鼓！打着打着，主办方又抬出香喷喷的菜蔬及酒饭，一时间，十桌、二十桌、五十桌，或一百桌二百桌，酒席沸沸扬扬，猜码声、吆喝声，你谈你一年的惬意，我聊我对明年的生活憧憬，或叹息，或昂扬，或激动，或流涕，一切的心酸与苦辣还没诉完，无数的希望还没讲出，酒足饭饱，再次抡起鼓槌，拿起锣钹，威震雷霆的又一轮大鼓声响彻云霄……或者，你村约我村，我村约你村，村村相约：正月初几扛鼓到烟墩街去！哇！到那时，一只鼓抬来了，两只鼓抬来了，十只鼓抬来了，一百多只鼓再添上了。这一天，你别想说话，别想逛街，你只有挤在人群里听鼓的份，听得你肺腑热烈，听得你神魂颠倒，听得你不知天高地厚，更别想回家了！临时的，今天没人约去打鼓是吧！好，你不约我？我挑逗你不行？于是，一些年轻力壮的人，把鼓抬到高坡上，哪怕是晚上，把天震得快要塌下来也不停止，直到又有人抬鼓来。

春江水暖鸭先知，烟墩大鼓报春晓。

近些年，烟墩大鼓"火"了，而且"火"得不得了，许多大型活动都将高大威猛的"烟墩大鼓"几十只、上百只地用汽车浩浩荡荡地从烟墩地面运往几十公里、上百公里,乃至几百公里外的地方去打,使得许多地方的上空也如烟墩春节的天空一样,雷鸣般的鼓声震撼着人的心扉,涤荡着人的灵魂。

我很幸运自己能一辈子在这个拥有着世界唯一的"烟墩大鼓"的土地上幸福地生活着,更希望世界上有更多的人和我一样因为迷恋"烟墩大鼓"而幸福一生。

梁重懋,笔名魁第公,广西灵山县人。中国微型小说学会会员,广西作家协会会员,广西小小说学会理事。多篇作品进入高考模拟试题、各种选刊、大学选修教材及中学课外教材。多次获省级以上文学奖项。其中,在《广西文学》《大南方小小说》等刊物发表"烟墩大鼓小小说系列"17篇,其中《六婆听鼓》《乌缸鼓》《好讲十八》《扫光十六》等4篇入选《2008中国微型小说年选》。

南国蓬莱

陈旭霞

在钦州湾茅尾海的海面上,有1000多个大小不一的岛屿,密麻地分布在方圆10公里的海面上,或似和尚盘卧,或似和尚打坐,一坐接着一坐,绵绵不绝且错落有致。这些岛屿不是很大,可以说很"袖珍",好像是借上帝之手把一颗颗青翠欲滴的巨大翡翠,按美学的原理安放着。岛屿没有被开发,一直保持着最原始的生态,岛上怪石嶙峋,树木茂盛,亚热带植被一年四季郁郁葱葱。这些错落有致的岛屿把平整开阔的海平面,天工裁成一条条弯弯曲曲的水道。这些水道又称为"泾","七十二泾"美名由此得来。在这一方圆海里,泾如玉带,岛像翡翠,泾泾相通,水脉往复、连绵不绝。七十二泾当然不止七十二条水道,只是

七十二泾　　　　　　　　　　　　（王廖科画）

形容其多而已。

钦州港是守卫茅尾海的门户，茅尾海的潮汐为清除港口的淤泥提供动力。而七十二泾在茅尾海内，"恣意妄为"地铺张它的气势和美丽。在港区码头坐上旅游船，等待出发时就有了满满的期待和好奇。船只在七十二泾里迎风压浪，曲折迂回，像在迷宫里穿梭，两旁是形态各异的青山葱茏。多么美的景致，多带劲的水上旅游啊！船溅起白花花的水珠，打湿了游人的头发、衣裳、脸庞，可没有人会让开，唯有全部心思看山赏水。

不时还可看见鱼儿在船边游弋，鱼儿万分机灵地避让着船只。船只在行驶中，只见一泾连着一泾，一座岛屿迎着一座岛屿，反反复复。但是，每个惊喜是不一样的，每一声赞叹也是不一样的。那感觉非常奇妙，道是疑无路，忽然又豁开。每入一泾，每迎一岛，展现眼前的好像一幅幅青山连玉带，玉带缠青山，山水缠绵的水墨画，俨然人间仙境——"南国蓬莱"！

七十二泾景区除了水道迂回曲折的"水奇"以外，还有群岛星罗棋布的"岛奇"。你如果认为这些岛屿大同小异、千篇一律，那就大错特错了。其实，每个岛屿都有其独特的魅力，特别是亚公山。亚公山是七十二泾中颇具特色的小岛，它坐落在茅尾海狭窄的出海口，远观似一艘乘风破浪的军舰正在整装待发；走近观赏，山的南面岩石壁立，怪石嶙峋，北面坡缓地坦，绿树成荫，最大的亮点是岛的东南面，直立的崖壁有上、下两石洞，在上的名叫通天洞，可容一人上下，在下的类似一个窟窿，洞口有一块大石堵住洞口，洞下是惊险的海水漩涡，岛南半崖上低矮的灌木丛生，栖息着大群水鸟，若被一石投中，栖鸟就会轰的一声四处逃散，那一石惊鸟的情景让人不忍造次。岛上除了鸟多之外，还有一奇，就是有一棵四季飘香的桂花树。在亚公山观日落可谓千载难逢，当落日徐徐西沉的时候，万道霞光洒在海面上，就像往海面上撒下一把金子，细碎的水波反射出的银光与金色的霞光交织在一起，海面变成了一面闪闪发亮的缎锦；这时，海鸟三五成群地叽叽喳喳地飞回，形成了独特的日落归巢的景象，蔚为壮观。

七十二泾另一个经典之作是"青菜头"。这是一个较之亚公山要小的小岛。小岛主体部分被低矮的灌木丛覆盖着，远观真的像是一棵巨大的青菜头，所以得名。它横海而卧，岛上怪石嶙峋，其中一块形似鳄鱼抬头，生动逼真，加上海浪拍岸而营造的声势，像极了一个巨大的鳄鱼伏水而卧。所以，青菜头又叫鳄鱼石。

七十二泾的奇岛还远远不止这两座，七十二泾的座座岛屿都是头顶"绿盖头"，远看像极了一棵巨大的青菜横卧海上。岛上的岩石又是那么的形态各异，

或粗犷或内敛,各自安身立命。

在七十二泾水路航行,还有一个大大的惊喜就是你会看到大片大片的红树林。它们近万亩连片生长着,根连着根,深深扎在淤泥里,树下有大批的虾兵蟹将,形成了一道天然的绿色屏障,挡台风屏暴雨。千百年来,红树林默默地生长在此,生长在大海与岸边之间,生长在潮来淹没、潮去显露的盐碱海滩。红树林根系发达,生长密集,树冠茂盛,千姿百态,一年四季郁郁葱葱,给人一种海上绿洲赏心悦目的感觉。红树林还是确保生物多样性,充满活力的湿地生态系统,有了它,大量的海洋生物在这里繁衍生息,保持了生态的平衡。红树林一直被誉为海底活化石,它们的存在,是海上的福气,是钦州湾的幸事,是七十二泾的福祉。青翠的红树林与湛蓝的海水相辉映,给七十二泾壮美的画卷平添了一份独特的自然之美。

游船继续在相连的泾内穿梭,低头看波光潋滟,鱼虾游弋,远看满目岛屿葱茏,抬望蓝天白云飘飘,海天共一景,成诗成画。

《钦州市志》(县级)记载:自明清以来,七十二泾就一直是钦州古八景之一,古有"南国蓬莱""小澎湖"之美誉,可与中国台湾省的澎湖列岛相媲美。

七十二泾自古就是文人骚客流连游览之地,并留下了大量吟咏之作。其中,有一首写得颇为豪迈和壮观:"龙泾七十曲流横,潮起风雷海上生。云接夕涛山影合,天连梦泽画轴平。万千白鸟随波动,一片红林逐水轻。长恨人间无净土,登临不觉近蓬瀛。"

七十二泾的自然风光旖旎万千,迤逦连绵,人间罕见。然而,七十二泾的人文风光更是一大亮点。在七十二泾的入口处登龟岛远眺,钦州港区尽收眼底,一边是不断施工建设繁忙的港口,一边是幽静的七十二泾及大片红树林。在龟岛建有钦州港区最大的公园——仙岛公园,在公园最高处立有目前全国最大的逸仙铜像,公园下方还立有1926年钦州各界人士敬立的"孙总理逝世纪念碑"。孙中山铜像巍峨雄伟,目光如炬,右手高高抬起,仿佛指点着钦州港的江山,指挥着钦州港的雄伟建设。铜像高13.88米,重30余吨,基座高15.8米,四周镶有四幅反映钦州人民一个多世纪以来奋斗史的花岗岩浮雕。公园内已建成广场、风轮台、金鼎坛、聚英台,栽种有多种观赏性植物,如红棉、桃花、山杜鹃等。有伟人的眷顾,难怪钦州港,钦州的这片海风生水起,今朝胜昨天,明朝胜今朝!

七十二泾物产富饶,各种海产品数不胜数。沿海滩涂养殖有著名的"钦州麻鸭",因以小鱼小虾等作为饲料使得体型大、生长发育快、产蛋率高。所产的

"海鸭蛋"蜚声区内外,成为钦州很有特色的土特产。

大蚝,学名近江牡蛎,也是钦州四大名贵海产品之一,肉可鲜食,亦可加工成蚝豉、蚝油,蚝肉蛋白质含量超过40%,营养丰富,味道鲜美,素有"海中牛奶"之称。茅尾海还是全国最大的大蚝天然苗种繁殖区,苗种品质优良,是其他海域所不可媲美的。

石斑鱼,也是钦州四大名贵海产品之一。它的肉质细嫩,味道鲜美,营养丰富,在国内外市场上久负盛名,供不应求。

虽然七十二泾,这脉脉相通的水泾,这葱茏如盖的岛屿,可谓物华天宝,但这还属于未开发的处女地。一个曼妙的妙龄女郎尚披着一块面纱,让人看不清她的娇容。我常想:苍天不负,总有一天,就等那一天,让您来揭开她神秘的面纱,一头扎入她博大而温柔的胸怀。我相信,七十二泾,这颗南国蓬莱的明珠,将会在不久的将来更加璀璨辉煌!

"七十二泾通四海,南国蓬莱秀中华!"

陈旭霞,广西作协会员,钦州作协理事。1988年发表处女作后至今,一直坚持文学创作。13万字的长篇报告文学《走进可可西里》先后在《钦州晚报》《南国早报》连载,2005年经广西人民出版社出版后向全国发行并成为畅销书籍。散文集《生活虫》2018年公开出版。著有中短篇小说《雨后初霁》《脆弱的头发》等。长篇报告文学《走进可可西里》、小说《脆弱的头发》、散文《乘车在海上奔跑》分别获钦州市年度文学创作一等奖。有作品在天津《通俗小说》《厦门文学》《广西文学》《广州日报》《钦州日报》《湛江日报》《湛江晚报》等全国各地的报刊上发表。

人间至味是牛巴

刘维波

　　幼时娱乐少，乡人闲暇时常聚集到一位教过私塾的老先生家里听故事。老先生故事多，可以讲半年不重复一次。老先生为人和善，有求必应。他有一嗜好，喜欢喝着酒讲故事，有酒的时候，滔滔不绝，没酒的时候，长话短说，每次说到精彩处，他便说嘴巴有点淡了，改日再说吧。知其雅好者奉上一壶酒，一把花生，众人异口同声请求说，大爹您就再说多一个吧，喝了两口酒，他遑论辞让，霎时风起云涌，一说又是小半天。为了多听故事，人们常给老先生备有淡酒、花生、炒黄豆等酒菜，各取所需，各得其乐。

　　一次，我见老先生拿着一截褐色的香香的肉巴，闻一下，喝一口酒，又讲一段故事，如此反复多次，酒喝完了，故事也讲完了，肉巴还在，香气也还在。我好奇地问这是什么肉巴？老先生带着一脸满足说：武利牛巴。自此，武利牛巴在我心中如影随形，尝尝那美味的牛巴便成了儿时挥之不去的梦想。

　　七八岁时，我在武利街遇见有人托着一大盘牛巴沿街叫卖，闻到那股醇厚的浓香，便不由自主地靠近去，无奈囊中羞涩，犹豫，思量再三，我还是拿出兜里唯一的五角钱买了一截。那时五角钱都可以买一碗有炸肉的米粉了，为了曾经的梦想，宁愿饿肚子，也不要错过尝到牛巴美味的机会。我边嚼牛巴，边逛街，手上还拿着没吃完的牛巴，陶醉在自我编织的虚幻里，似乎听到身后有人在说这小子真识食。一次遇见，一生回味。大学毕业后，在外地工作，每次回乡都去买些武利牛巴，成了我多年不变的习惯。

　　随意开车在武利街上兜转一圈，那特有的牛巴香就会扑鼻而来，各家牛巴店庭前、后院、楼顶都晾晒满了腌制好的牛巴。那些勤快的女孩不时去翻晒，在反复翻晒中，阳光、空气、香料融进了牛巴的每一条肌理，溢出阵阵醇厚的牛巴香。这是一种来自清末的香,来自民国的香,直至现在还香的香。百多年来,这种香一直氤氲着小镇的空气。如果让我给小镇取名,我一定会给它取名为"百年牛巴小镇"。小镇上的百年老店名号响亮的就有"张强记""张姑娘""韦四"等。

  镇不在大,有仙则名。牛巴便是武利的"仙"。武利牛巴之所以能美名远扬,畅销区内外,皆因其独特的色香味。武利牛巴用料极为讲究,它主要选用黄牛臀肉,经熟练女工手切成薄片,用丁香、桂皮等香料腌制一宿,再晾晒七八个小时,最后入锅油炸。每一片牛巴大致经历了选肉、切片、配料腌制、晾晒、烘干、油炸等六个步骤二十多道工序精制而成。油炸出锅的牛巴呈褐色,油光滑亮,色泽艳丽,异香扑鼻,久久不散,咸甜适口,韧而不坚。虽然大致工序一样,但是各家还是在细节上下功夫,在色泽、口感上突出自己的品牌特点,从而形成了武利牛巴百花争妍、兴盛发展的局面。大体而言,从口感上来说,"张姑娘"牛巴偏甜,"韦四"牛巴略为偏咸;从嚼劲来说,"张姑娘"牛巴韧性更足,"张强记"牛巴则更为松软一些。

  武利牛巴不仅可以用来下酒送饭,也可以用来闲聊品茗。带着浓浓的人间烟火味,又散发出淡淡的风骚味。既俗也雅,犹如知性女孩,聪慧而近人情,让人不喜欢也难。

  在武利有"没有牛巴不成宴"之说。过去日子还比较艰辛的时候,普通人家一年也不一定舍得买一次牛巴来吃,很多人便指望在宴席上能够一品牛巴美味。牛巴上宴席既可窥见主家经济状况,也可彰显其热情大方的待客之道。一味牛巴百样菜。牛巴既可单独成一道菜,也可以与花生、腰果、炸排骨等组合成拼盘,展示出其极大的包容性。现在人们生活条件好了,吃牛巴不再是件困难的事,想吃随时就可以去买来吃,买牛巴过节成了民众的一种情怀。每到节日,到各家牛巴店选购的顾客络绎不绝,春节时更是门庭若市,大家都提前来购买牛巴,春节时能款待亲友,或者春节后能带到远方。牛巴的畅销盛景让人见识到什么是手快有,手慢没,基本上春节前一周所有牛巴店就买断市了。买不到的话,只能等来年过完元宵节后了。

  牛巴既可上席成菜,还可作为风味小吃随时享用。三五知己,泡一壶香茗,剪一碟牛巴,边喝茶边品牛巴,说点闲话,谈点文学,茶的清香与牛巴的醇香不经意间把人引进一个陶然忘我的境界。如果没那么多闲情,开袋即食,一样不失牛巴风味。

在当地有未尝过牛巴不算武利人的说法。对客人来说则是未尝过牛巴不算到过武利。以牛巴待客，是武利人尊崇的待客之道。客人初来乍到，第一顿饭便尝到闻名遐迩的牛巴，客人得以一饱口福，主人脸上也有光。在镇圩头上的刘五水果代销店，每到荔枝采收季节，都会有不少北方客商进驻收荔枝。店主常以牛巴款待，客商赞不绝口。归去时，又以牛巴相送，礼轻情意重，主客皆欢。今年回去了，明年又来过。在武利，给亲朋好友赠送牛巴是历久不衰的风尚。

武利牛巴不止于美味，还有好故事。

在镇上文武路那条古老狭长的街巷中，一间腊味店门前立着一块"张强记正宗腊味世家"的小牌子，甚是低调。然而"腊味世家"四字却又高调地宣示了它的辉煌久远的过往。其前身乃是赫赫有名的"张良记腊味"。"张良记腊味"由张秀经创立，至今将近有两百年的历史。据《灵山县志》记载：武利在明末清初已开埠成市，至清朝则成为灵山县内主要商埠，灵山外销的蔗糖、稻米、水果、蓝靛主要由此运往北海；外来货物也大都由此上岸再销往县内各地。这些均得益于武利江便捷的通航优势。在清末民初，"张良记腊味"已经扬名广州湾（今湛江）、广州、港澳、南洋。民国年间，"张良记腊味"在南洋开有分店。第四代传人专门安排一个叫金山的儿子在南洋打理家族生意。"张良记"常年雇有几个长岗岭村的长工挑担。他们把用荷叶包扎好牛巴、腊味挑到码头上船，运往广州湾。每到年关则到码头把从广州湾运回来的钱银挑回到铺头上。究竟"张良记"每年从广州湾运回多少钱银，现在是无人知道了。或许从"张良记"后辈的回忆中可以窥见当年的兴盛。除夕晚上，"张良记"都是灯火通明，他们要把一年的数目盘清，经常要盘到天亮时，才盘清数目。后来由于历史的原因，"张良记"曾经沉寂了数十年。改革开放后，各行各业蓬勃发展。"张良记"也在新时代中获得了新生。第五代传人张福明、张福辉不忘腊味世家曾经的繁华与声誉，分别注册了"张强记""张姑娘"商标，光大祖业，为世人延续一道地方美味。

在当地流传着一句顺口溜：灵山牛巴看武利，武利牛巴看"张姑娘"。"张姑娘"牛巴由"张良记腊味"第五代玄孙女张福辉所创。张福辉少女时代与大姐经常帮助父亲打理烧腊店生意，虽然父亲没有名正言顺传授衣钵，但是长期耳闻目睹，天资聪颖的张福辉对牛巴制作工序早已烂熟于心。张福辉本无意染指制作娘家传统赖以谋生的牛巴，但是曾经几十年间"张良记"不痛不痒地生存着，了无当年半点繁荣气象，张福辉看在眼里，疼在心上，她不能眼睁睁看着曾经誉满桂南与广州湾的百年腊味老店到了自己这一代反而蜷缩在武利街惨淡经营。20世纪80年代中期，经过数年的改革开放，张福辉看到时局已稳，年过五旬的她毅然决然迈出了创业的步伐。在保留"张良记"特色基础上又稍做了改进，成功推出富有自己特色的牛巴。为了有别于娘家的"张良记"，她用年轻时人们常唤她的乳名"张妹"注册了自己的品牌"张姑娘牛巴"。这似乎是在向时代、向世人宣告：老娘虽已年过五旬，但人老心未老，一样可以有一番大作为。果不出其然，"张姑娘牛巴"一面市，便深受大众喜爱，声名远播，后来居上，坐上了武利牛巴销售的头把交椅。这或许是张福辉经营有方，也或许改革开放之初，人们对创业者、英雄的深切呼唤。三十多年来，"张姑娘牛巴"发展蒸蒸日上，成为当地的知名品牌，远销区内外，不逊于"张良记"当年的辉煌与美誉。岁月流逝，张福辉风华不再。而"张姑娘"却永远定格在初遇时的惊艳，成为食客们梦里梦外思念着的至爱。

20世纪50年代至70年代，有一个玉林人在武利街卖牛肉丸和牛巴。因味道极好，慕名而来的食客络绎不绝，摊前座位一位难求。来一碗牛肉丸，加一截牛巴，简直是那个时代有钱人趁圩尝美食的标配。这引来了农村小青年前去品尝，当一位农村小伙子吃如此美味的小吃，竟狼吞虎咽，三口两口就把一截牛巴吃完了，吃完了不过瘾，想买多一截，可是这个玉林人不愿意了，先用带着玉林腔的白话狂喷一顿，说人家糟蹋了他的美食，然后才说吃牛巴要慢慢嚼，吃那么快是吃不出味道的，下次再这样，有钱都不卖给你。玉林人话粗理不粗，它传递出牛巴人的自信与期待：只要我有牛巴香，哪惧没有上门客？他们不仅希望人们来买牛巴，还希望人们能品尝到牛巴真正美味，进而广为宣扬。现在那个玉林人早已不知所向，牛巴的美味亦无人能说出了，但是这个故事依然广泛流传，依然适用于对所有武利牛巴的品味。每看到孩子吃牛巴时狼吞虎咽，老辈人就禁不住跟孩子说起这个故事，寓教于乐，慢慢规范孩子养成好的吃相。那是好牛巴，要慢慢品。

闻一多先生有句名诗：家乡是个贼，他能偷去你的心。能偷走你的心，我想除了家乡的故人往事，就是家乡的美食了。张福辉的姐夫，民国时期在合浦县财政局任职，年轻时经常尝到岳父家的牛巴，成为他晚年美好的回忆。合浦解放时，他携带家眷打算乘船去台湾，后出现了翻船事故，行李全都飘散在茫茫大海上，幸而遇到善良渔民，一家人全部获救，然后隐姓埋名在海南文昌居住了几十年。20世纪八九十年代，他联系到武利的亲人后，每次写信回乡，在工整优美

的字里行间除了绵绵不绝的思念,还有的就是千叮万嘱别忘了给他寄些牛巴。在当地还有许多像张福辉姐夫一样的人,年轻时曾经品尝过牛巴,后因种种原因在外地、港澳、海外生活和工作,遥望故乡隔着千山万水,可望不可即,但是只要条件许可,他们总是不忘叮咛故乡的亲人寄些牛巴给他们。品故乡美食,慰思乡之情。现在,年轻一代品尝牛巴机会更容易了,然而他们对牛巴美味的眷恋丝毫不逊色于老辈人。那些在外工作的、打工的、求学的年轻人,每次离乡,他们行囊中断然少不了家乡的牛巴。人在他乡,一截牛巴,不经意就让人想起童年、欢乐、团圆,它成了一段可触可摸、可闻可听的乡愁。山长水阔,小楼听雨,又如何。如果有家乡牛巴,又何惧乡愁无边。

小时候,看到桌上那碟牛巴,心想要是全归自己独享那该多幸福啊。而今已过了不惑之年,我常想,要是深夜时温好酒,剪好牛巴,你不约而至,秉烛夜谈,然后抵足而眠,不知东方发白,那才是更幸福的。或者,把你的地址告诉我,明天早上给你快递武利牛巴,或许明天黄昏时你就能收到。你高兴我也是幸福的。

刘维波,1977年9月生,广西浦北县人。现供职于浦北县教育局办公室,中学一级教师,钦州作家协会会员。从事文学创作近二十年,以散文为主,偶尔写点小诗。作品散见于《钦州日报》《钦州工作》《当代广西》《广西日报》等刊物,已公开发表作品十余万字。散文《石头·男人·酒》荣获2009钦州市文学作品二等奖,散文《金花茶慢慢开》在中国地市报研究会2018年度"新时代、新作为、新篇章"平面媒体新闻业务交流竞赛中获三等奖。

访香翰屏旧居

王 访

秋天，天高云淡，和风送爽。我们慕名前往浦北县石埇镇，参观北部湾地区最大的私人府邸"香翰屏旧居"。旧居坐落在南流江畔，位于越州故城不远处的坡子坪村老城屯。

车子进村时，只见在一片葱茏的绿树掩映下，一座既有西方建筑风格又有中国古建筑特色的别墅式庄园，静静地屹立在山坡上，这就是闻名一方的"香翰屏旧居"。旧居背靠横亘绵延的高岭山，左右两边延伸出来的两座小山峰，就像一把官椅，把旧居抱在了怀中。看上去，旧居建筑群，就像一座华丽的小城堡。

香翰屏旧居　　　　　　　　　　　　（张光裕画）

"香翰屏旧居"建筑,分为"增城子"和"嘉李园"两个部分。"增城子"按客家围屋风格建造,长长一圈的围墙高约5米,东北和西南各开一个大门,相互对称;对称设计的两扇门洞上建有两层的小洋楼,砖瓦结构,小巧玲珑,高雅别致。不同的是东北门屋顶、封山与四角,分别饰有飞龙型云彩、蝙蝠、蝴蝶、花草图案;西南门屋顶、封山与四角却是变形飞凤型云彩,可谓龙飞凤舞。在东北门前的围墙边,竖立着一块黑底红字的牌匾:"广西壮族自治区重点文物保护单位——香翰屏旧居"。

从东北门进入"增城子",有一个很大的大院,估计是当年的练兵场。一座中西合璧的豪华大宅坐西北向东南,大宅为两层青砖结构,中间是大门,大门前是一个凸型戏台,也是练兵指挥台。大门上方有两个白色繁体大字"勳光",不知道是原来就有还是后来写上去的,也不清楚"勳光"两字的含义。大门楼顶是琉璃瓦构造,两边是平顶厢房,一、二层楼都有门口和阳台,两侧外墙饰有蜂窝状的隔音墙。

守护旧居的香氏后人,对于我们的造访,表示十分欢迎,一边引领我们参观府邸一边介绍有关香翰屏生前的情况。

香翰屏别名桂珍,别号墨林,年幼时命运多舛,其父名叫香浦泉,略懂文字,中年不幸辞世,其母陈慧敏文静敦厚,丈夫去世后,与9岁的香翰屏相依为命,过着清贫寒苦的生活。

香翰屏天性聪颖,幼年时读书过目成诵,有过人的能力,他个子瘦小,却胆识非凡,少有风云之志。在他十八岁时,村里曾遭到数百匪徒围攻抢劫,他挺身而出,率领村中数十名族亲兄弟奋勇抵御,成功保住了一村人的生命财产安全,一时名噪乡里。

1912年,香翰屏考入广州法政学校读书;1916年毕业后在广东海防司令部任文职;1919年,转入广东护国军第五军军官讲武堂学习,毕业后到阳江护国军任下级军官。

香翰屏凭着杰出的军事才能和爱护士兵的胸怀,得到同人的爱戴,先后在邓铿、李济深统率的建国粤军第一师第四团任连长、副营长、中校营长等职;后任国民革命第四军第十二师师长。1931年,香翰屏被任命为惠州河源警备司令、广州国民政府军事委员会委员、第一集团军第二军军长、广州市公安局局长兼戒严司令、中央监察委员兼西南政务委员会委员。1932年春,广东省设置五个区的绥靖委员,香翰屏任广东中区绥靖委员。1933年6月,香翰屏被任命为南路军第二路纵队司令。1934年，香翰屏多次向陈济棠进言不纳反遭排挤，便以"识浅量狭"为由，辞去第二军军长职务，回乡"休养"，过了两年隐居生活。1936年5月，"两广事变"发生，香翰屏又再次出山，被任命为广东绥靖副主任和第四路军副总司令。同年10月28日，经蒋介石批准，国民政府授予香翰屏中将加上将军衔。1937年，抗日战争全面爆发，香翰屏将军随之被委任为第三战区中央军第九集团军代总司令、副总司令，率部北上抗日，亲自参加和指挥了抗战史上规模最大、战斗最惨烈的淞沪会战和徐州会战。徐州会战后，香翰屏回粤复任第四路军副总司令，后又兼任广东民众抗日自卫团统率委员会主任委员。1939年，国民政府将第四路军撤销，香翰屏改任第九集团军副总司令兼第四战区挺进纵队东江指挥所主任。1940年，蒋介石把香部改为国民党正规军，调香翰屏为闽粤赣边区上将总司令，协调三省兵力部署作战。1945年10月抗战结束后，香翰屏作为二级上将荣获中国首批抗战胜利勋章。1946年7月27日，香翰屏退役。1949年秋迁居香港。1978年8月7日，香翰屏病逝于香港……

在香氏后人的引领下，我们步入了府邸。府邸分为前座、中座、后座三进。前座正门设有横栊、直栊、板门三层防范设置。走进前座，可见屋顶为木桁条、板角，有白色公母瓦铺盖，屋檐滴水处饰蓝色琉璃瓦。大门两边各有一个厢房，正中是长方形天井与中座相隔，进入中座要从两边通道绕过天井。通道两边各有5根底座为六角形的白色圆柱。天井两边各有一个圆拱门，进门是三房套间主人房，西式设计，地板铺设八角形花瓷砖，门角处是上二楼的楼梯；二楼结构与一楼相同，也与中座相通；楼顶中间是尖顶红瓦，屋脊塔顶和滴水处饰有蓝色琉璃瓦，高出两边。两边是平顶，有半米高的围墙，便于防卫，也是方便晾晒衣物。站在那里，大院和围墙外面的景观尽收眼底，如遇进攻，可作为制高点向外射击。

中座两边是对称客厅，设置有半圆形大阳台，天花顶设有吊灯座，均有一圆孔窗户；窗外是花圃，种有名花名树，幽深雅致。在与前座相接处还有个侧门可通花圃。二楼客厅是一间大房子，楼板应是木板，如今楼板已不复存在，只留下空旷的横梁和墙上架设桁条的孔洞。房顶是白色三角形水泥房樑。

中座与后座之间也是方形天井相隔，进入后座同样是从两边走廊通过，但走廊两边仅有四根圆柱子，柱子顶端连接琉璃瓦处有莲花状图案。天井二楼上面是露天走廊，前和左右设有围墙，每扇围墙上有三个长方形框，上面描绘有图案，但已看不出内容了。后座中间是祖公厅，设有供奉的红色神台，神台墙上两边有对联"祖德巍峨添百寿，神恩浩荡赐千福"，对联上方有"金玉满堂"四个红底黑字。神台上面摆放着一排大小不一的香炉，中间香炉最大，左右两个香炉稍小，外侧两边的四个最小，形状亦不同。香炉前有六个瓷杯，前排三个小，后排三个稍大。神台正中供奉着香翰屏将军遗像，其四个妻妾遗像分摆左右。祖公厅的顶梁柱浮雕刻有"中華民國丙子年丁酉月丁酉日乙巳時行牆升梁吉"字样。据此，可以看出此屋应于1936年9月上梁，也就是说，香翰屏将军1934年隐居乡里两年也没闲着，而是筹建了家园。祖公厅左右各有一个厢房和一排整齐共3间的直屋，均为两层结构，是家丁住所。直屋的两端西北角和东南角分别为三层结构的炮楼，每层都布设有枪眼和炮洞，如今二三楼的楼板已不存在，可直望楼顶。直屋和炮楼均是红色瓦面，有别于主楼，炮楼塔式顶部四角和屋脊均饰有龙型云彩，封山两边为"镬耳"状装饰，高出琉璃瓦面。后座背后围墙内为一个大型花果园，有杨桃、黄皮、龙眼等各种果树。炮楼连接围墙还有两座对称二层结构的楼房，楼房凸出围墙，也布有枪眼，可防止土匪接近围墙，不论是正面还是从侧面想接近围墙都会遭到射击。围墙与主体建筑之间是U型通道，两边通道中间靠近围墙楼房走廊处均建有一扇三格式的艺术性屏风墙，这是依照当地传统建筑风格设计，不能让人一眼望到尽头而设置。

在"增城子"后侧的小山坡上是"嘉李园"，园子长800米，宽500米，通道全由花阶砖和卵石铺就，绿树成荫，山坡上有一棵高大而濒临绝种的珍稀树木油杉树。据说将军讲究风水，当年请来了香港知名设计师，按七星座和五行进行设计，依山脚坡上建了七座别墅式小洋楼，分别命名为"窝虞居""松虞居""橄榄居""观音堂""画云阁"等，均象征某种意义。

在香氏后人的引导下，我们来到"嘉李园"。园的正门朝向东北，两边有厢房，结构为一层，简称"窝虞居"。正门背后为"松虞居"，简称为"谣光星"，象征海王星，结构为一层，屋檐四周外有圆柱，走廊铺有花地板砖，为一厅一房。"橄榄居"象征金星，结构为两层，屋檐走廊有圆柱支撑。"观音堂"为单间一层，内设有神台、观音座莲神像，屋顶为塔式建筑构造，盖琉璃瓦。"观音堂"旁边是"土地神"，是香公常来会客的场所，有凉亭一座，堂前为官厅。"画云阁"为二层结构，设计为桥型塔式楼顶，盖琉璃瓦，屋檐四周有圆形柱头。后门楼为一栋二层两间别墅式小洋楼。七座小洋楼都已残败不堪，只有"画云阁"小楼还保持完好。香氏后人告诉我们"画云阁"又名玉衡星，在星系中它象征水星。而水星象征着个人的心智活动及思维逻辑，代表着个人的思维运作方式、个人常思考的生活领域。这是否与将军有关,是否是将军的寄托?看那"画云阁"设计为桥型塔式琉璃瓦楼顶,屋檐四周有圆形柱头,二层结构,门前有一个半圆形阳台,阳台前面是一个水池,据说原来水池中间设置有两个栩栩如生的铜质仙鹤,后被人偷了。香氏后人说这是一座藏书楼,据说此楼在民国时期曾收藏过部分钦定《四库全书》,书的数量有两卡车之多。可惜这部书已遗失。香氏后人说,将军1946年后赋闲在家,就常在"画云阁"练书法、作诗。走进小楼,虽然里面空空如也,但我仿佛看到将军当年或沉吟作诗,或挥毫泼墨的情景。

香氏后人介绍,香翰屏是一位抗日爱国将领,也是一个翰墨书生。他一生酷爱读书,书法了得,诗赋也不逊色,有文武双全"儒将"之称,他也常喻自己为"半介书生"。

香氏后人介绍说,将军在参加淞沪会战时,钦廉将士请缨抗日的行动令其感怀,便以诗记之:

为合浦健儿请缨杀敌壮行二首

一

三廉英杰数刘冯,保卫家邦建伟功。
桑梓奇男欣踵武,此行端不愧英雄。

二

请缨杀敌保乡邦,卫国千城器难量。
杯酒壮行歌易水,瞩望岂止是廉阳。

将军当年驻守广东惠州行将转战东江时也作诗《别惠州》:

破敌收京负夙期,
抚绥每叹德支离。
盟心唯指东江水,
题壁难赓五别诗。
自笑英雄同狗彘,
可无身手缚虾夷。
繁灯清酒湖亭夜,
独为灾黎系去思。

将军对自己戎马生涯多有感触,曾填词《七律·感怀》:

> 托命兵间味苦辛，
> 瘢痕点点宛然真。
> 生当海立山崩世，
> 锻就千锤百炼身。
> 匹马曾窥新壁垒，
> 三边终老旧征尘。
> 长江后浪推前浪，
> 我是前头浪里人。

香翰屏楹联亦相当出色。他曾为自己撰了一联：

上联是"以雕虫伎俩，成屠狗功名，幸运一身遭，且休忘野老风怀，书生本色"。下联是"当革故潮流，负维新使命，兵符十载管，何时补国家艰难，黎庶疮痍"。上联是将军对自己际遇的剖析和自嘲，下联则是对历史责任的审视与自责。

书法艺术是香翰屏将军终其一生的嗜好。治兵之余，以读书临池为乐，其书法以大草书驰世。1934年他辞去军政各职回乡"休养"时，修身养性，读书写字，自得其乐，其时影印出版了明代书法家金琮的行楷法帖《金元玉写洛神赋》，并为它写了序言。1966年4月，其个人书法专集《香翰屏将军草书初集》在香港出版，在书坛上名震一时。其作品深受藏家喜爱，被列入《历代书法名帖大全》。曾有人以诗为赞："千军莫敢与争衡，笔下龙蛇自纵横。谁信风云曾叱咤，竟然潇洒一书生。"

香氏后人还告诉我们，将军虽然从戎，但对家乡教育事业也曾做出较大贡献。1925年，其鼎力出资，在家乡创建了石埇高小；1930年，又慷慨解囊，呼吁在穗钦廉籍军政界同乡捐白银2万两，资助创建北海女子小学；同年，香翰屏将军收到了时任合浦县县长廖国器的来信，信中说欲在张黄筹办合浦县立第六中学，希望得到他的指点及鼎力资助。将军阅后立即回信，建议改变自清朝以来学生"学非所用，无一专长"的状况，提倡"劳动教育生产学术""以吾农桑之利，林牧之宜，果能适应地利，定为专科，使教育与生活不相驰背……小而繁荣乡土，大而裨补于国计民生，造福乡邦"。可见，当时香翰屏将军就意识到职业技术教育的作用，不但向廖国器言明自己的意见，还随之发动钦廉籍军政界同乡共同资助创建了"广东省立合浦县（张黄）农业职业学校"。

据香氏后人说，"香翰屏旧居"占地面积35亩，建筑面积5044平方米，共有大小房屋116间，是两广东南沿海最大的将军府邸了。但由于长期无人居住，年久失修，一些房子出现了坍塌。如今已引起政府有关部门的重视，向自治区文物部门申请并拨出了专项资金进行检修维护。

是的，在我们参观时，已看到有建筑工人在房顶上进行维护。望着这座经历了百年沧桑已列入文物保护单位的将军府邸，虽然目前呈现破败之像，但经文物保护部门的重视和修缮，相信不久时日，必将重现当年风采。

王访，中国微型小说学会会员、广西小小说学会会员、钦州市作家协会会员，《浦北文艺》主编，《长寿之音》主编，曾担任过广播电视台、党报等媒体记者、编辑、执行总编等职，1987年开始在《百越民风》《广西日报》《广西经济报》《南宁晚报》《广西工人报》《广西工商报》《柳州日报》《张家口市报》《北海日报》《钦州日报》《未来星》等报刊上发表小说、散文、报告文学等作品，有作品在征文和年度评比中获奖。主编出版《五皇山民间故事传说》《浦北长寿之乡探秘》等书籍。

岭南有个宁氏家族

谢勇云

南朝宋明帝泰始五年即公元469年,冀州临淄的一个家族由于政治原因被迫举族南迁。此家族即是"甯"氏,但因新中国成立后推行简化字而改为宁,本不应混为一谈的两者也逐渐被"宁"字所代替。

宁氏族谱载:岭南宁氏来自齐郡,远始秦汉。至五胡乱华,永嘉南渡,散落闽越;南朝随刘宋南下,或寓居吴越,或进入岭南。

进入岭南的一支,于30多年后族人宁逵出任定州刺史。公元547年,宁逵从定州刺史转任安州刺史。这一本来平常的人事变动后来被认为是影响整个北部湾地区政治走向的历史性事件。因为宁逵的努力,自公元569年的南朝陈宣帝治下起至唐朝的100多年间,钦州甯氏与番禺吕氏、高凉冼氏齐名,史称"百越大姓",割据称雄一方。

不管如何还原,已逝去的历史终归是扑朔迷离的。关于宁氏家族的一些人和事,现存史书记载都有出入。随着1826年发现的宁逵孙子的《宁越郡钦江县正议大夫之碑》和1921年发现的宁逵第四代曾孙宁道务的《宁道务陶碑》的相继出土,一些走偏的传说得以修正,但完整的历史,只有这些已走远的当事人自己知道了。

宁 逵

定州位于今天以石南为中心的玉林和贵港一带,辖12县,是当时广西较为富庶之地,在岭南的地位仅次于广州,任此地的最高行政长官自是逍遥自在。而只辖6个县的安州是当时南下的中原人的噩梦,那里民智未开,瘴气疠疫更是令人色变,中瘴生病时病人牙关紧闭无法服药,只能将齿凿开倾药灌下方保性命,所以当地土著又被称"凿齿之民"。

宁逵之所以要离开定州转任安州刺史,有猜测说是朝廷防止他久踞定州势力过大,或者欣赏其魄力希望进一步开拓海防南疆,又或者两者皆而有之,都有道理,但无从确认。世人后来知道的是,转职安州时年事已高的宁逵没有选择离开,而是带领族人入藉安州,一起留下来。

这一留,完全改变了安州——也就是今天钦州的历史走向。因为多年以后,这支宁氏家族披荆斩棘开疆辟地,竭尽全力为政一方,连续三朝世袭掌控钦州,创下"五世七刺史,百年而不替"的政治奇迹,其家族势力鼎盛之时,辖区东达今天的博白县,西至扶绥县,南拥大海,北至南宁市。按当时的政策,宁氏可享受羁縻州待遇,即可拥有本部族武装力量且兵马数量不受限制,甚至有水军和陆军,但除在本地"慎守封疆"外,也需为王朝服务。因此,宁氏约5000兵马曾随隋军南征林邑,北伐高丽,战功赫赫。

宁逵有两子,宁猛力和宁宣。宁猛力这一脉政勋卓著。宁猛力自己是隋朝安州刺史,他所生两个儿子,宁长真为隋唐刺史,宁赟为宁越郡太守。宁长真儿子宁据为唐袭封钦州刺史,宁据的儿子又是唐袭封的钦州刺史。

宁猛力主要以钦州为中心向西拓疆,同时派递弟弟宁宣向东在合浦大廉洞一带开辟新域,扼住东南沿海。后隋朝廷尊重这一事实,封宁宣为合浦郡太守,其子宁纯世袭为唐廉州刺史,宁纯的儿子宁琚封赠以子贵,赠谏议大夫,而宁琚的儿子宁原悌则是宁氏的另一座高峰,唐朝钦州第一位进士,封谏议大夫兼修国史,先后侍于武则天、唐中宗、唐睿宗、唐玄宗身边。

宁猛力

以宁猛力为代表的宁氏后辈,于陈末至唐初武德年间将宁氏一族推进全盛时期。

宁猛力本身就是个孤傲的传奇。他和写出流传后世的《玉树后庭花》的陈后主同年同月同日生,但颇看不起这个南朝陈的最后一个昏庸的亡国皇帝,甚至认为自己"貌有贵相",同样可以当天子,并不肯入隋朝谒拜。宁逵敢于说出和做这种逆天灭族的话和事,一是经过两代人的奋斗,宁氏在岭南的地位和势力已日渐显赫,成为统领乌许、僚俚人等诸少数民族的大酋,兵强马盛,"南海以西

溪洞,自汉晋以来,宁氏最大";二是岭南远朝廷万里,对当朝皇帝其实了解不多,而派遣南下的朝廷命官多是贪婪凶狠之徒,宁氏自然和其他部族一样恨之入骨;三是钦州作为"天涯"之地,雄山万重,故自恃兵威固险一方。

然而,天下已不再是宁逵所看不起的陈后主的天下。隋朝开国皇帝杨坚,也就是隋文帝,他的政治格局远高于陈后主。他通过在中央实行三省六部制,将地方的州、郡、县三级制改为州、县两级制以巩固中央集权,对周边各族则采取军事上的防御和政治上的招抚政策,有效处理了民族矛盾,被北方少数民族尊称为"圣人可汗"。对于南方,隋文帝同样以德服人,擢升令狐熙为桂州总管并前往绥抚宁猛力。

史书中记载的令狐熙,生性严谨,不随便与宾客交结,因此,放下身段亲笔致信宁猛力"申以交友",愿肝胆相见,可见其诚心。恰巧在此时,宁猛力因母亲痰疾加重正一筹莫展,对令狐熙的善意无暇顾及。令狐熙同样是个出名的孝子,史载,他父亲过世时长哭不停,直至闻者皆陪落泪。他对宁猛力此时的怠慢非常理解,不但没有责怪,还及时派人送上良药,很快舒解了宁母的病情。宁猛力感触很深:"以前的总管动辄以兵相胁,我怎么可能臣服?这位新任总管用心用诚,我辈不可违啊!"于是专程进府谒见令狐熙,并表达了对朝廷的忠心。隋文帝龙颜大悦,将安州改为钦州,宁猛力自然是首届刺史。

隋开皇十七年,桂州俚帅李光仕反叛,隋文帝派遣员外散骑侍郎何稠讨伐。何稠是西域人,工匠出身,将精巧心细用于军事不着痕迹,以欺骗手段除掉当地一些首领,每打下一个地方就收编当地俚兵,兵力越来越壮大。

曾经对陈后主都不服气的宁猛力对奸诈的何稠当然更不服气,但此时已少了当年的年少气盛,而且何军摧枯拉朽的气势就在眼前,也不得不"帅众迎军"。这次何稠倒没有使奸,因为他还带着使命,即要带宁猛力回京进见隋文帝,个中因由大概是隋文帝看中宁猛力在地方的威望和势力,想通过安抚他,给岭南地区其他部族树个好典型以确保稳定。宁猛力对此颇感意外,也很感动,当即欲与何稠一起进京,但偏偏在此时因病无法成行。何稠遂与宁猛力相约"八九月间,可诣京师相见"。

谁也没料到,同年10月,宁猛力阖然长逝。隋文帝难过之余,不由得怪何稠当初没早带宁猛力进京。何稠说:"猛力共臣为约,假令身死,当遣子入侍。"何稠还说,越人性子比较直,只要下旨召见,他儿子肯定会来的。

宁长真

宁猛力的儿子果真来了。只因宁猛力临终前对宁长真说："我与大使为约，不可换信于国士。汝葬我讫，即宜上路。"

对于宁长真的觐见，隋文帝非常高兴，重赏之余，于开皇二十年准宁长真承袭宁猛力，任钦州刺史职。

宁长真的刺史生涯，适逢隋唐两朝交替，而两朝皆对他重用。比起父辈来说，平添许多风云变幻，其视野和触觉也与戎马生涯一起超越钦州境内，越战越远。

先是征战藩属之地林邑，也就是今越南南部。

公元604年，隋炀帝弑父篡位后，委任刘方为骥州道行军总管率军征伐林邑。刘方派宁长真率步、骑兵主力从陆路出击，宁长真之弟宁瓚从水路出击。宁长真有勇有谋，设陷阱，破象阵，直接攻破林邑国，"获其庙主金人，污其宫室，刻石纪功而还"。

而宁瓚的水军则遭遇凶险。新庸江一战，宁瓚数量不多的战船面对敌水军上千条船，以及对方的险隘防御，只得背水而战。这一仗打得天昏地暗，从早上一直战至深夜，"编师橄队，得溃彼豺狼"。险胜。

虽然是刘方率军浩浩荡荡而来，但在这场战役中刘方的作用相当于督战，指挥的首功归于宁长真兄弟俩。刘方也如实向隋炀帝禀报。隋炀帝自然非常高兴，下旨召见宁氏兄弟。据史书载，宁瓚入朝进觐，获隋炀帝封赏，而宁长真不知什么原因没有成行。但这并不影响隋炀帝对他的器重。

宁长真自承下父业之日起，就没有卸下过戎装。林邑一战归来，刚好又遇上隋炀帝发动的高丽之战。宁长真马不停蹄地再率部落数千兵力前往辽东。宁长真部在当时征辽东战役中不算主力劲旅，但取得的战绩仍为隋炀帝所瞩目，战后封宁长真为鸿胪卿，授安抚大使，荣归岭南。作为土酋蛮帅得此封赏，可见朝廷之肯定。

宁长真部族走向式微，于当时而言是一种必然的宿命，因其割据势力日益膨大，已威胁到唐王朝的大统一。

梁朝皇帝后人萧铣于公元617年起兵称帝于岳阳，国号为梁，年号鸣凤，拥有精兵四十万，势力范围南至交趾，雄踞南方。宁长真先是选择归附于萧铣，被

萧铣支使征讨周边不肯归附的武装力量，最后损失惨重。唐朝初年，李靖率军前来岭南灭萧铣，不愿再被萧铣玩弄的宁长真掉转枪头，配合李靖进击萧铣。

战争结束后宁长真派人谒见李靖，表示愿意归顺唐王朝。唐高祖便委任宁长真为钦州都督，任他的侄子宁纯为廉州刺史，宁道明为南越州刺史。但是，长治之下的宁氏家族逐渐有了新的欲望。公元625年，南越州刺史宁道明和高州酋帅冯暄、淡殿起戈反叛，宁长真和宁纯选择的是举兵增援，宁氏家族自此开始走向衰败。第二年，宁道明被州人杀戮。同年，宁长真也走完兵戎一生，时年60岁。

宁原悌

岭南宁氏家族在宁长真死后走向没落。其中一支迁至今钦北区板城镇。公元644年，当年与宁长真举兵增援宁道明的宁纯之侄孙宁原悌出生。

岭南宁氏一族非常重视文化，并注重以中原文化教导蛮夷，开化族民，"生子髫龀之岁，克承诗礼之风。满门修学之英，名擅簪缨之望"。其中宁原悌当属他们之中的文化层次最高者。

宁原悌父亲这一辈，已不能再世袭职位。借读书求功名是宁原悌的唯一选择。他在村旁郎济山上的山腰石壁间找到一个约5平方的天然小山洞，"石门外有石桥，两石人夹峙其上。"进出须从后面绕道而上，经一道天桥，进出石室，需要手攀缓行，而下面就是数十丈深谷。但这个洞的洞口朝东南，凉风习习，超然世外，确是静心读书的好地方。除了刻苦攻读外，他常到石室外一处两三里长的平缓山冈骑马，此处被后人称为"驾马岭"。

自觉学成后，宁原悌于公元689年赴洛阳赶考。那天武则天亲临南门主持对千余名考生的策论考核。宁原悌以超强实力进入中乙科第九名。谁都知道钦州乃"去京师万里"的南蛮之地，竟然考出个进士前十名，这令武则天很为惊奇，便钦点他为秘书省校书郎。公元705年，再迁任谏议大夫一职，主要职责是议论朝政、进谏皇帝。这是一份很危险的差事。

公元710年，西城、隆昌两位公主入道，睿宗要为她们建立华丽寺观。宁原悌马上进谏，以史为鉴指出利害，并指出释、道两家皆以清净为本，劳人费财建寺观不妥。睿宗皇帝仅以"文章写得不错"敷衍他，第二年再以"公私无损"为由在别处另找地址开始建设，为了防止宁原悌再进谏，下诏书强调"若有干忤，当寘于刑"。宁原悌无法再跟进此事，但他直谏的脾气并没有改变。太子李隆基代行部分皇帝职权的时候，宁原悌也擢升为太子冼马，经常向李隆基上书，因见解精辟，颇得李隆基欣赏。李隆基登基为唐玄宗后，宁原悌一时很受器重，曾被任为岭南道宣劳使，赴岭南考察民意，宣扬朝典，后又任谏议大夫兼修国史。

宁原悌继续秉笔直书。一次玄宗看到宁原悌撰写的史稿里如实记载唐太宗杀害李建成、李元吉之事，便问他："给你升官，或者给你钱财，可以将这段先帝的罪过删去吗？"宁原悌表示，太宗这么做是不得已的事，是李建成和李元吉自取灭亡。但事实就是事实，史书就该这么记载。此时的唐玄宗已不是当初那个爱听谏议的唐玄宗，宁原悌因"忤旨去官"，悄然还乡。早已为直谏的结果做好思想准备的宁原悌在家乡的晚年淡泊安详，直至公元728年安然去世，时年64岁。

最后这段经历对于宁原悌是不公平的，但让百姓更为尊敬，其美名"益震于天下"，被尊称为"谏议王"。宁原悌去世时朝廷也嘉其为官正直，下诏派岭南五府兵为他大办丧事，葬于今钦南区沙埠镇分界村附近。肃宗即位后，下诏立祠并赐名谏议庙。后来钦州、灵山等地均建有宁谏议庙，供人们千古凭吊。

谢勇云，中国报告文学学会会员，广西作家协会会员，广西摄影家协会会员。代表作品有中篇小说《播种》《大路朝天》；报告文学《大乘气象·北部湾2008》《一次幸福的机会》《惊惊世骇俗兵学梦》《茅屋为秋风所破歌》等。

三娘湾的晚上

张廉信

一只打着呼噜的野鸭子，
漂过童年的水域，
从此，不再回来……

时间让我们走进了中年，城里的日子混杂了不少域外汉子的乡音。我们实现了自己的一些梦想，却永远地失去了童年的淳朴与天真，烦恼就像城市日夜的喧嚣，驱之不散。我们经常渴望，渴望离开，到一个能够净化灵魂、驱逐苦闷的地方去。

我不敢说三娘湾便是这样的一个地方，我们向往的地方，太多；见过的海，太多，到处盛满了人类人为的喧哗的脚印。

三娘湾　　　　　　　　　　　　（王廖科画）

我唯独说晚上。

那个晚上，我独自坐在沙滩上，看远处魅魑的渔火。当我的思路脱离了日常的时候，海慢慢地向我的耳边靠拢，所以我听到了海的涛音。

这是一首欢快的歌吗？抑或是远古苦难的倾诉？

一位远道而来的客人说，海，是一个很容易令人发呆的地方。

望着不知深浅的夜，我深有同感。

我计划就如此一直坐下去，听任那没完没了的黏稠的风的肆虐。

我来到这里，并非为了寻找那些遥远的缥缈的传说，也不是想体验一下渔村人民的好客，纯粹是一种个人需要，在海边感受自然的声音，看看渔火，听听涛声，就像走进林区，猎奇自然，倾听松涛。

此时，海正在和一个人交谈。这个人当然不会是我。我只是一个不被理会的旁听者。海有与之交谈的人，那个人便是岸。海不停地敲击着岸，表示它的愤怒、温存和无奈。可是岸无动于衷，岸从来没有因为海的呼唤而离开过自己的地方。面对无动于衷的岸，海似乎很是伤心，轻轻一握手，溅落了许多惋惜的泪，无言地、悄悄地退回海中去。这又让我感觉到海并没有可以倾诉的对象，海是孤独的，那轰鸣的涛声便是它孤单苦闷的宣泄。

三娘湾里神奇的白海豚，它们所发出的一种完全有别于海的啸声听不见了，现在是夜晚，也许它们躲在某块岩石后面睡觉去了，我们无缘相见。沙滩上，只有涛声、渔火和风与我或近或远地相伴。

渔火似乎是个害羞的姑娘，一直和我保持着对峙的距离。她不时向我闪烁着她美丽的眼睛，我说你怎么不过来呢？我们坐在一起，一起看看海，一起倾听这夜里的海。渔火好像同意，又好像不同意，隔着海水，不停地招手……

风一刻也没有停留，我的一头乱发被它不断地改变造型。一定是害怕日后我泄露它的劣迹，我说我不是探子，它粗鲁地警告我，闭上你的眼睛！之后，又很不负责任地从我的耳际开溜。

我闭上眼睛，涛声和渔火变成了两个喜欢乘虚而入的家伙，由远而近地向我身体扑来。我也希望它们能够把我带走，带到一个很远的地方去，看远方那棵鲜嫩婀娜的水草，看远方鸟儿安静中突然的惊飞，或看看远方西斜的落日一点点……

你不知道我内心里躲藏的苦闷，需要海的洗涤和开导。虽然对海来说，一个人的苦微不足道，但是人们总是喜欢到海边来，寻找生活的勇气。我之亦然。

海的涛声确实是一种蛊惑人心的呼唤，它呼唤着我们这些被生活所累的人，被世俗所累的人，不知不觉地走进它的魔障。它会让你忘记所有，以为这世间只是一首歌，人人都在颂扬太平盛世。

我的一位朋友从我的身边经过，他邀请我说，你不要老是坐在这沙滩上，应该到海里去，到海里舒展一下筋骨，呛几口苦涩的海水。

吹了半夜的海风，听了不知来自何处的呼唤，看了海边那些鬼火一样闪烁的渔灯，自然是不能尽兴的。

海水也不是友善的家伙，刚刚接触就遭遇了他冷不丁的打击。铺天盖地的海浪袭了过来，一口海水涌进了口鼻，又咸又涩的味道让你差点儿想跑上岸来。又一个海浪袭来，你不由自主地被拉了进去，你在水中挣扎、飘浮，你蓦然想起生活，却又与生活不同。挣扎中，你突然产生了与海水亲近的快感，面对把你团团簇拥的海水，你格外兴奋，那些纠缠日久、不散的苦闷顷刻间荡然无存……

当我们从海里上来，海水把我们的身子当作了需要腌咸的萝卜，皱巴巴湿漉漉的皮肤，没有一块平滑的地方。夜已很深，感觉了累，冲了一盆淡水，居然很快睡去。

说过第二天的早晨看海的，可是天大亮了才醒转过来。昨晚看着这海还是满满的，今天早上起来，却不见了。只有几堆让诗人空自叹息的石头，大小不一、失去了昔日的棱角、软弱得东一搭西一搭懒懒地卧着，好像还没有醒来。海不知道什么时候离开了岸。我那并非纯粹文人的朋友，对着远去的大海，脾气不清地大声骂道，这露水的夫妻，来得快，走得也快。

一只打着呼噜的野鸭子，

借了渔火的眼睛，

跑海里去了，

从此，不再回来……

我估摸昨晚的夜一定是随退走的海远去了，留下的只是我们以及我们脑中的记忆。

张廉信，男，汉族，1969年出生，广西浦北县人。广西作协会员，主要作品以中短篇小说为主，发表过中短篇小说《一句重要的话》《父亲》《女医生的快乐日记》《给餐车做广告》等若干。做过企业干事，报纸杂志记者、编辑，以及广告公司策划、行业协会秘书长等职。现在钦州市某企业工作。

古城文脉——天涯亭

许兆满

说到钦州,不得不说一个地方,那就是中山公园里的天涯亭。

中山公园建于民国十七年(1928年),为纪念革命先行者孙文而修建。如今,当你走进公园,树木葱茏翠绿,花草如茵,清润芳香;湖池水态娇容,淼淼傍岸,锦鲤戏水;广场舞乐婉转悠扬,真叫人心旷神怡!

中山公园里有一座作为钦州古城的文化标志性建筑物——天涯亭,建造于公元1062—1065年间,由时任知州陶弼倡议修建,至今已有近千年的历史。如今,

天涯亭　　　　　　　(李中瑞画)

这座古香古色的天涯亭,仍然傲立在中山公园内的龙墩上,见证了钦州古城的沧桑巨变。

天涯亭上见南挂着一块苍老的牌匾,"宋迹三迁"的繁体隶书赫然醒目,字迹乃是钦州书法家王兆儒先生所题;见北也有一匾,"天涯亭"三个大字的行草书体行云流水、庄重遒劲,乃书法家黄志朗(黄石)先生所题。两根圆柱用铁圈嵌住并用不锈钢加固,琉璃瓦面也装修一新。经常有市民在天涯亭下谈古论今,抒发志趣宏愿。

天涯亭穿越千年时空,多少文人墨客驻足凭吊。如教育家张德福叹道:"钦州文脉何处寻?宋迹三迁天涯亭。忍看古迹成危宇,叹为今人逊萃伦。"在20世纪60年代初期,著名词作家田汉造访钦州,到天涯亭瞻仰,作诗一首:"运河滚滚入湖来,没字危亭草满阶。词客分明怀故土,钦州何必是天涯。"齐白石三顾钦州,常登亭抒怀,留下了许多荔枝画作,刻一方"天涯过客"的名章,也留下了"愿风吹我到钦州"的千古绝唱!

钦州得名之前叫安州。自隋朝后,为便于行政管辖,表示治理有序,经时任安州刺史令狐熙上奏朝廷,获隋文帝恩准,于公元598年把安州改为钦州。钦州得名数百年后,由于朝代更迭以及地理、经济发展等因素,州署地址业经三次迁移才至如今钦州的位置。宋朝英宗时代(1062—1065年)陶弼任钦州知州,他把中原的先进文化和耕作技术传带于钦,教育乡农,鼓励垦荒,减轻赋税,还兴办学校,改造州署,以致钦州经济繁荣,百姓安居乐业,政声日隆。因此决定建造亭阁,取名"天涯亭",既能纪念又使之与公元1004年合浦为纪念孟尝太守而修建的"海角亭"遥相呼应,同为一体,号"海角天涯"。陶弼建天涯亭,登临览胜,远望南天,波涛翻滚,触景生情,谪贬于此,感慨良多,作《天涯亭》诗,诗云:"雨色丝丝风色娇,天涯亭上觉魂消。一家生意付愁瘴,万里归心随暮潮。兵送远人还海界,吏申迁客入津桥。山公对此聊酣饮,怕见醒来两鬓凋。"真可谓诗言志,语心声,呈现他在任州官"心怀故土",而"万里归心随暮潮"的复杂心境和饱含家国情怀。后来陶弼对此诗做了些修改。其中第一句改为"雾雨昏昏风益娇",第四句改为"更占仙客入津桥",第五、六句则为"山公对此难酣饮,未免醒来两鬓凋"。使全诗更为精准入情,贴切感人,这首诗至今仍存于亭内。可见陶弼不仅是位好官,更是一位富有才华、感情丰富的诗人。不仅如此,他在政事余暇,漫游钦州自然美景,也写下许多诗作。如《五湖》《海角怀旧》《钦州书事》等。陶弼当年写下的诗词至今仍有遗存,这是多么厚重而难得的文化瑰宝！陶弼离任后还搜集天涯文化诗作，汇集成册，送给诗友存阅，使天涯文化意蕴传承下去，以激励后人的意志和力量。由此可见，陶弼不仅是天涯文化的开创者，更是天涯文化的传播者，殊功至伟，亮节高风，为后人所敬仰传颂。

也许天涯亭的文化意涵契合谪贬官员或羁旅人士的心理需要，能托物寓志，展示他们的天涯过客情怀，因此来知州履职的官员或流放学士，总是对天涯亭情有独钟，留下许多诗词佳作，使天涯文化枝叶清秀，世代递荣。如抗金英雄岳飞之第三子岳霖受派到钦州任知州，做到为官一任，造福一方，呈现"政通人和，百废俱兴"的景象。他虽在钦州任职三年，但离任回京时出现"民众攀辕挽留，截路塞巷"的感人场面。他离任路过灵山时作诗一首，其中"折腰为米本忧贫，流落天南瘴海滨"，"归去恩深知感激，只惭无德愧斯民"诗句，反映作者心连广宇、忧国忧民的胸怀以及勤政为民的良好形象。又如明林希元，他于嘉靖十四年被贬为钦州知州，任职三年多，政绩显赫，为钦州做了大量的好事实事。他为改善民众生活，大量鼓励兴农桑，轻徭薄赋，兴办学校多所，修建桥梁多座，利民交往，带动经济发展。在任期间编写的《钦州志》成为地方志的典范，也是目前钦州最古老的志书，对钦州贡献甚大。他还有《天涯亭》诗作："平生梦不到天涯，此日登亭独举杯。二水中分鱼露出，千峰簾捲画屏开。圣朝冠盖从兹尽，交趾王租久不来。铜柱功名夸汉将，百年落落愧凡才。"这首诗反映作者在政暇独登天涯亭的愉悦心情，抒发其爱国情怀，展示"夸汉将""愧凡才"的广阔胸襟和意志。清知州李受彤却以对联形式自我激励，他的对联："亭子号天涯，士当读万卷书，行万里路；坡贤留祠像，我窃效公气节，法公文章。"此联在民间影响深远，给人以教育鼓舞的力量。

或许像天涯亭这样的古建筑物，其价值取向只具有纪念和观赏的意义才得以保存，但以《天涯亭》为题的诗词文化底蕴，在一些人看来也仅是古代乡贤谪官为心灵寄托而已，还有什么传承的文化价值？我想正是这种文化短视行为，才导致天涯文化黯然失色，落后于时代发展，而这种行为的结果势必会出现历史文化断层掉链，这是我们所不愿看到的。

试想，如果把天涯亭的诗词配上画组成文化长廊，使之成为文化旅游的新品牌，所产生的经济效益将无法估量，其意义又是多么深远呀！想到这些就让我兴奋不已。相信在习近平新时代中国特色社会主义思想指引下，天涯文化会放射出绚烂的光彩，激发出无限的家国情怀，从而展现出育人的功能而永葆青春活力。

而且我也相信中山公园也会以天涯文化的诗词为背景,生产出更多珍品,再现钦州古代美景而陶冶人们的良知,展示古城钦州的风貌!

"天涯文化连广宇,丰碑有形在人间。"在钦州历史上有众多亭阁,都因时代变迁或风雨销蚀或坍塌灭迹,而天涯亭经数次修葺重建传承于世。现在的天涯亭在民国时期,章萃伦任钦县县长时为改造钦州城区而将亭址移至今地重建,史称"宋迹三迁",至今也有近百年的历史。

日月盈仄,事过境迁;社会发展,文化繁荣。天涯亭及其形成的千年文化精神如何发展这是一道历史课题,而这道题如今展示在我们面前,作为钦州人我们不可回避也不可跨越。钦州在"文革"前,以"天涯"冠名的有天涯路、天涯旅社等,至20世纪90年代初,教育界曹家珍、莫德祯、章慈芳等老师成立了《天涯诗社》,举起了"天涯文化"的旗帜,出版了《天涯诗词》,成为传播天涯文化的倡导者,得到广大市民特别是教育界的认同和赞赏。2018年7月,钦州一群志同道合的文化人,成立了"市天涯文化研究会",重新举起了"天涯文化"的旗帜,不定期出版《天涯文化研究》内部刊物,传承钦州历史文化,研究钦州人文历史,其心日月可鉴。

钦江水清清且滔滔,天涯亭靓靓而高高。

许兆满,汉族,钦州市社会科学界联合会秘书长。1967年出生于钦州湾海边农民家庭,先后读过汉语言文学、新闻、涉外经济管理、公共管理等专业,在职研究生,政工师。前后做过坭兴陶雕刻工人、糖厂工人、煤矿职工、新闻记者和社会科学从业者。工作30年大部分时间在宣传文化系统,爱好书法和坭兴,致力研究坭兴陶历史文化,参与编辑出版《话说老钦州》《图说老钦州》等地情书。

一湾盛放梦想的地方

张蔓燕

秋日的夜晚,校园流光溢彩,群楼比肩,从每扇窗透射出的灯光,亲切而温暖,波光闪烁的内陆海,宛若一条彩绸舞动。从前老校区低矮的平房和人工吊井,全部隐匿在时间的背后,如今呈现在眼前的是一座3A级旅游景区,熠熠于北部湾畔。过去与现在,熟悉与陌生,一帧帧画面在脑海中叠印、交替、转换。高大的陶行知雕塑前,我久久站立、凝视、思考。

北部湾大学,在我看来,这五个字很自然便和艰苦、奋斗、勇气、奉献联系起来,像一面鲜艳夺目的旗帜,在北部湾上空高高飘扬。

北部湾大学　　　　　　　　　　　　　　　（王廖科画）

岁月的风，斑驳了容颜。时光好不耐用，抬眼已然半生。一个转身，夏天就成了故事；一片落叶，带着我们走进了开学季。看着莘莘学子兴高采烈，大箱小包，奔涌学校，心里不禁想起那些年，我们一起追梦。

1991年秋天，我怀揣着梦想和憧憬，来到北部湾大学的前身——钦州师范高等专科学校。初入，学校给我的印象是不大，放眼只看见一栋办公楼、一栋教学楼，几栋平房加一个吊井就是我们生活的场所；低矮的瓦房里，供应着四百多名学生和一百多名教职工的饭菜。简陋的校园，艰苦的环境，多少让人有点失落。刚刚改建落成的钦州师范高等专科学校，是广西沿海地区高等教育的发端。当时师资紧缺，校领导铆足了劲儿，一面忙着引进人才一面想方设法，引资购买教学设备。教职员工个个忙得不亦乐乎，但没有人叫苦喊累。苦干的背后，收获了成功。2004年，钦州民族师范学校的并入，学校如虎添翼，步入了一个快速发展的时期。2006年2月，钦州师范高等专科学校成功升格为钦州学院，翻开了学校发展史上崭新的篇章。学校及时调整办学定位，完成了"由专科教育向本科教育转型，由单科性师范教育向多科性综合教育转型，由规模发展向内涵建设转型"的三大转型，确定了"立足北部湾，服务广西，面向全国，辐射东盟"的服务面向定位，不断完善和优化学科专业结构，提高人才培养质量。2007年，学校在广西高校中率先开设涉海专业，填补了广西有海洋而无高校海洋专业的历史空白。2012年12月，学校顺利通过了国家教育部本科教学工作合格评估。

奋斗的这些年，学校的办学条件、办学实力、办学水平得到大幅度地提升，整体面貌焕然一新，转型发展工作走在了广西区高校前列，收获了全国应用技术大学联盟首批理事高校、广西新建本科院校整体转型发展试点院校、教育部学校规划建设发展中心"产教融合创新实验项目"基地院校、广西壮族自治区人民政府与国家海洋局共建高校、国家"十三五"规划建设的"应用型本科高校"项目单位等响亮的称号！

如今，学校设有本科专业49个，硕士学位授权点3个，有全日制在校生16000多人、教职员工1200多人，其中专任教师800多人，学校拥有多个广西高等学校高水平创新团队、北部湾经济区高水平创新团队……

漫步校园，一幢幢教学楼拔地而起。省级重点实验室（工程技术中心）、省级特色专业、创新创业改革示范专业、实验教学示范中心、虚拟仿真实验教学中心等省级以上教学科研平台，如雨后春笋。

2018年12月8日，钦州学院又一次华丽转身，升格为"北部湾大学"。学校重新定位为立足北部湾、面向南海和东盟、服务国家战略和区域经济发展，坚持产教融合，以产学研战略联盟为平台，以实践能力和创新能力、就业创业能力培养为核心，与行业企业协同育人、协同创新，形成了特色鲜明的办学模式和应用型人才培养模式。校园里，来自五大洲的二十多个国家和地区的七百多名留学生沐浴着合作办学模式的阳光雨露。

从小校园到如今的3A级景区，北部湾大学校容校貌焕然一新，校园无线网络全覆盖，智能手机成为在校大学生的标配，食堂、超市、学生宿舍一卡通，便捷校园已然形成。尤其是图书馆，以前的几层小楼已经留在了岁月记忆中，现在的图书馆集"藏、查、借、阅、参"于一体，馆藏文献涵盖经济学、法学、教育学、文学、理学、工学、农学、管理学、艺术学等学科门类，随心一点鼠标，就可找到资料。还设有多个研修间以及多媒体体验区、休闲讨论区和具备院线级高清视频和3D视频播放功能的放映厅，人性化的服务，为读者打造舒适温馨的阅读环境。

坚持"博观内省，达道知行"的校训，学校成绩喜人。CCTV、中国教育电视台、人民日报、光明日报、人民网等国内主流权威媒体关注北部湾大学的发展，镜头聚焦：

我们的学校——

2018年，获得自治区成立60周年先进集体；荣获全国仅十项的礼敬中华优秀传统文化示范项目；入选中国教育发展战略学会思想道德建设专业委员会副理事长单位；获评教育部"全国国防教育特色学校"并当选全国高等学校国防教育联盟理事单位。从2008年至今，先后10次获得自治区高校毕业生就业创业工作突出单位的荣誉。出版（建成）一大批国家级规划教材、精品课程和实践平台。"北部湾海洋发展研究中心"获批，成为广西第一个专注于研究海洋及海洋发展的基地。

我们的教师——

王传善老师的蝇头小楷一次次与国际书法大展有缘，又一次次获得全国规范汉字楷书书法大赛一等奖；王珊老师在第四届广西高校青年教师教学竞赛中勇夺文科组第一，获广西"本科高校青年教师教学能手"称号；张艳秋老师在第一

届水产类专业青年教师教学技能大赛中名列第一。涌现出高校青年教师教学能手张珂、王奕冉、席红霞……广西拔尖人才唐高华、韦相贵、邓军林、冯志强、李乃琼、黎树式……

我们的学生——

他们毕业后百分之百地就业，成为现代化建设的生力军。他们有的进入中国科学院理化技术研究所攻读高分子物理与化学硕士，有的跨入清华大学攻读无机化学博士，有的获得了"高分散沸石制备方法"的发明专利。

大型原创现代舞剧《窑变千彩》惊艳亮相马来西亚国家广播电视台，一切震撼，无法言说。湾大学子以艺术的形式将国家级非物质文化遗产中国四大名陶之一的坭兴陶带上了国际舞台，以超乎寻常的毅力克服重重困难，不断挑战心理和生理上的极限。泪水和伤痛，都化成了青春自信的笑容，正如参加演出的同学所说："为窑变努力的过程，也是我自己窑变涅槃的过程，身上的伤痛正是涅槃所需的磨砺。为窑变千彩，我自豪！"

在中国工程机器人大赛暨国际公开赛、全国高校商业精英挑战赛国际贸易竞赛、中国"互联网+"大学生创新创业大赛等各类国际性、"一带一路"暨金砖国家技能发展与技术创新大赛等国家级大赛中摘金夺银。FLYERS 车队，凭借一股追求卓越，永不满足的劲头，敢于挑战困难，敢于大胆创新，追求"更高、更快、更强"的目标，通过一遍一遍地优化零件结构、修改设计图纸，反复装配、调试赛车，合理应对各种突发状况，接受比赛的洗礼，最终在 2019 中国大学生方程式汽车大赛中勇夺全国一等奖。

……

即使曾有疑惑，即使曾被质疑，

即使曾陷失落，即使曾有困难，

湾大人不忘初心，砥砺前行。

"海涵春育，鹏举南天"。湾大坚持"面向需求、错位发展、特色办学"的发展理念，深化产教融合，推进高质量发展，努力把学校建设成为支撑广西海洋经济和北部湾经济区经济社会发展的应用型人才培养培训基地、海洋科技研发基地、地方决策咨询智库和文化研究中心，为学校今天的成绩和明天的辉煌，用心血与汗水描绘了一幅壮美的画卷，铸就了一座历史的丰碑，谱写了一曲奋进的乐章。

一路前行，一路收藏，那些沿途的遇见，那些努力的拼搏，回眸瞬间，定格在唯美的时光中，芬芳着岁月的沧桑。

与湾大并肩，用无声的眷恋，写满岁月的诗行。

张蔓燕，笔名张曦文、蔓子、燕子。系广西写作学会理事，广西作家协会会员，钦州市作家协会秘书长，天涯文化研究会理事，诗词学会副秘书长。从小喜欢文学，爱好写作，用特有的生花妙笔、敏锐的触角；以女性独到的视角、见解和热情澎湃的情感，直击人性，颂扬真善美，鞭挞假丑恶。至今已在国内十多家报刊上发表散文、游记、随笔、小说、诗等文学作品100多万字。出版散文集《心和之美》，诗集《秋的记忆》《生命的画布》，小说集《兜售微笑的人》。多篇文学作品获得市级奖励。

一只在海边吹风的猪脚

莫景春

海风习习，带着海水的咸味。一只特立独行的猪脚在钦州街头走来走去，碰见了一碗了无生趣的米粉，便毫不犹豫地走进碗里，结果奇迹发生了。

一碗软塌塌的米粉竟然站起来，走遍钦州每个角落，走向八桂大地。这只特立独行的猪脚把钦州这个在北部湾怀里的名字背进了很多外面的人的心里。于是，一张张如饥似渴的嘴巴纷纷寻来，穿过那些四处弥漫的充满诱惑的海鲜味，只为亲吻这只非同寻常的猪脚，大快朵颐，惬意至极。

猪脚遇见米粉，人们遇见钦州。

一

民以食为天。能把自己的胃养好，并且能让自己的嘴巴高兴，那是一个很有希望的人。胃养好了，身体壮实了，精力充沛了，做事有力了，一个生机勃勃的人群就出现了。八桂大地上的人们绝不怠慢自己的胃。他们喜欢吃米粉，别出心裁地让单调的米粉遇见很多食材，使米粉充满灵性，吸引着四面八方的客人。

桂林的米粉，圆润颀长，盘在碗里，清秀可爱。一勺热气腾腾的汤融进来，一勺香脆可口的炒豆加进来，还有清香四溢的葱花，消除腻味的酸菜……一样一样地加到碗里，白生生的米粉不见了，碗里有的是花花绿绿的食材，一双筷子尽情地搅拌，捞起一口往嘴里送，软硬兼有，味道十足。这是有名的桂林米粉。一颗螺蛳漂浮在碗里，几片豆腐皮陪伴在左右，一层火红的辣椒油缠绕其中，水里的鲜味，地上的辣味，让你大呼过瘾。这就是响当当的螺蛳粉。

钦州的人民很聪明，没有煞费苦心地让唾手可得的海鲜遇见米粉，而是别出心裁地找来家家户户都能吃到的猪脚，让硬邦邦的东西遇见软绵绵的东西，效果果然非同凡响。

猪脚里硬邦邦的骨头含着丰富的钙元素，咬起来也有韧性。其实，猪脚出场前，都要粉墨一番，就像是准备去约会的情人，全身毛发剔除干净，泡在清水里数个小时，像是人们在泡澡。舒舒服服的猪脚忍受着炙热，将自己又硬又韧的皮烤得金黄，像是涂上一层油，亮闪闪的，散发着肉香，很是诱人。就像贵妃娘娘泡鲜花浴一样，主家也准备了一口大锅，里面满是陈皮等配料，不停地熬呀，感觉猪脚软了下来，各种味道已渗入其中，这猪脚便盛装出场了，盛在盘里，惊艳全场，夺得众人目光。

我想象着安安静静地躺在盘里的猪脚，可能昨天它们还在圈子里悠游自在地走动，或者在空旷的草地上打闹。一只只粗大的猪脚那么强劲有力，托着肥胖的身子四处游荡。长期走动腿部得到锻炼，肌肉结实少肥，应该是最好吃的部位之一。

难怪人们那么钟情于猪脚，将它弄成各种各样的吃法，真是花样百出：有红烧，有白切，酸甜麻辣，应有尽有。精于美食的人们，知道猪脚不仅仅是一种食材，也是一种药材。老人小孩身体虚弱，常常啃上几节猪脚，治治神经衰弱、失眠多梦，因为猪脚里含有大量的微元素、蛋白质、碳水化合物，有效补充人体所需。一般肉类难以集中那么多营养的。

这不是人们口头说说而已，在古代的著名古籍里就有记载。《名医别录》相传是魏晋陶弘景编辑，收录各种药材数百种，为历代医家经典。书中认为猪脚"下乳汁"而成为各医家催乳良方。而后，宋代苏颂等人编撰的一部中药名书《本草图经》是一部承前启后的药物学巨著；继承祖国古代医药学遗产、集大成医药学家明代李时珍编撰的《本草纲目》，都将猪脚列为催乳、美容的必选之物，其文曰："行妇人乳脉，滑肌肤。"到了清代，出现了中医食疗著作，那就是王士雄编的《随息居饮食谱》，这部书阐述了各种食物之性味、功效、宜忌、单方效方甚至详列制法，注重中医食疗法、养生保健和祛病延年。对猪脚的功效更是详细明了："填肾精丽健腰脚，滋胃液以滑皮肤。长肌肉可愈漏疡；助血脉能充乳汁，较肉尤补。"古书言之凿凿，猪脚的名气自然让人刮目相看了。

一只特立独行的猪脚能在古典书籍里走来走去，仿佛从悠长的历史隧道钻出来，让人感觉到它非同凡响的身份。没想到，普通人家餐桌上的它竟有那么悠久灿烂的历史，怪不得遍地是海鲜的钦州人独具慧眼，别出心裁让猪脚大放光彩。

猪脚可以美容，改善皮肤。猪皮里藏有大量的胶原蛋白，吃上一口，分解出这种蛋白，补充肌肤里胶原蛋白的缺失，肌肤越来越显得嫩白饱满，让很多美女怦然心动。个个都没想到，这么个不起眼的猪脚，竟能将肌肤滋养得那么圆润。

猪脚可是个最实诚最憨厚的美容师，由内而外，慢慢显露出它特别之处。啃个猪脚，就像吃个美容的最佳配方，越吃越漂亮。俗话说得好，最好的药材就是食材，在吃当中补，不知不觉，潜移默化。

猪脚散发着迷人的奶香，蕴藏着温馨的回忆。想想以前的生活，温饱还没有解决，奶粉对普通人家来说是很遥远的事情。于是，每每家有产妇，亲朋好友去探望时，总少不了一副猪脚。那饱满的猪脚被剁成细块，放到锅里慢慢熬炖，待锅里熬出乳白色的汤汁，盛上一两碗，产妇喝后，乳汁充盈，小孩养得白白胖胖的。

一块吸饱了海风海水的猪脚能没有自己独特的风味？一只特立独行的猪脚就这样在钦州的大街小巷大摇大摆，尽显风流。

二

猪脚粉的故事传说从唐朝绵延开来，散落在钦州每个角落，那么神秘诱人。就是这么一个故事让人大饱耳福了，这里的人们吃猪脚吃了上千年，将钙质吸收得特别充分，骨头特别坚硬，发出的声音也是最强硬。

谁说刘永福他们没吃过猪脚粉？他们冲出广西，抵御外辱，就是硬邦邦的猪脚钙质。如今风生水起，没有猪脚里的钙质，能有这么大的勇气？如今的钦州更像是一块香喷喷的猪脚，吸引着八方人士，投资建设。

中华民族骨头最软的时候，莫过于鸦片战争了。世界列强都喜欢把这块东方最古老的土地当作一块肥肉，谁都想方设法咬上一口，感觉美滋滋的。这片富饶的土地被咬得千疮百孔，目不忍睹。作为中华民族一员，往事不堪回首。

盘踞在越南的法国侵略者将贪婪的目光投向了富饶的八桂大地，雄赳赳气昂昂地过来了。硬气十足的钦州儿女岂能容忍如此飞扬跋扈的侵略者，在冯子材、刘永福的带领下，部队冲锋陷阵，像啃一块甜滋滋的猪脚一样，把侵略者打得落花流水，滚回了他们的老窝。钦州儿女用自己实际行动向世人宣告中国人的骨头是硬的。他们自豪的语气里散发着猪脚多少坚硬的钙质！

钙质充足的钦州人不满足于历史的硬气，他们处处发出强劲前进的信号，在这片沙滩上建造亚洲最大的港口,每天吞吐大量地货物,成为东盟各国商品集散地。商品源源不断地在这里集中,再发往世界各地。世界再一次看到了美丽的钦州,她已经不再是简简单单的猪脚了,俨然是国际范十足的现代化沿海都市。看着每天穿梭不停的各国船只,各种肤色的人友好交流,各种语言交会在一起,像是一曲美妙的大合唱,唱出钦州今天的自豪与幸福。

三

  一碗热气腾腾的猪脚粉雄赳赳地摆到了桌面。它不停地挑逗着你:白蒙蒙的热气扑向你的鼻子,带着汤水的酸辣味,一块肥瘦相间的猪脚霸气地横在碗里,满身的金黄似乎想说些什么。你的味蕾被无情地激发了,变得那样不可抑制;你的胃仿佛一下子被掏空,似乎多日没有进食;你的肠子蠢蠢欲动,发出咕咕的呼喊;你整个人似乎在为这么一碗粉骚动起来。

  猪脚与你发生亲吻的瞬间,你感觉有座生机盎然的植物园在你舌尖铺开:八角,山姜,茴香……各种山上的香料味纷至沓来。那种香料味也只有钦州这个独特的地方才有。这里拥有浩瀚的大海,通向外面广阔的世界;这里背靠坚实的十万大山,连绵的山峰、茂密的深林展示着无尽的资源。没有哪个地方能够像钦州这样把山地和大海拉得如此亲密。

  碗里散发着十万大山那树林间的雾气,那雾气里的草香,都让你感到无比亲切。草的清香冲淡了肉的油腻,猪脚的韧性更是让你的牙齿感到酣畅淋漓,没有软乎乎的柔烂,也没有嚼不动的硬韧。我们历来不是很讲究中庸之道吗?凡事恰到好处,过犹不及。这种意念不仅深深植入我们的大脑,就连我们的舌头也讲究辩证思维了。

  一只在碗里游泳的猪脚被你连咬带扒地啃完了,连汤也被抽干了。你有一种说不出的畅快,可能在嘴唇上,可能在舌尖头,也可能在肠胃里。但你所有的感激都随着额头慢慢沁出的汗水流出来,你刚才有些凝滞的大脑开始活跃起来,说什么民以食为天,应说食以味为先才是对的嘛。酸甜苦辣,清淡雅朴,每根舌头都有自己的想法,能够如此精确地统一起来,还是有些难度,可是钦州的猪脚粉做到了,做得让你瞠目结舌。

  离开粉店的时候,你会不由自主地回头,狠狠地盯那些猪脚,但它们无动于衷,依然我行我素地跟其他人亲吻,那么肆无忌惮!

四

猪脚向来就不是高高在上，都是家常菜肴，谁人都可以吃，随地都可以买。钦州的街头随处可见猪脚粉，你不用担心会有假冒，就像螺蛳粉里漂着几颗螺蛳壳，就是螺蛳粉一样。乡下家家养猪，天天有人杀猪，猪脚便是普通食材，用不着弄虚作假。

只是在钦州这里，一方水土一方人，万事万物都有自己的独特之处，猪脚的熬煮得有些本事。火候的掌控，过了则让韧性不足，不到就难以咬开；配料多了，肉味被盖住，配料不够，味道全然没有。看似普普通通的各种食材，在聪明的钦州人手里变得活色生香。

有人说，猪脚可能太肥太腻。其实，就像选对象一样，高矮胖瘦，都有人喜欢，比如楚王好细腰，唐朝以肥为美。钦州的猪脚并非如你想象那么肥腻，猪脚经过与八角、山姜等完全拥抱后，不是一般那种味道了，略微清爽，松软可口。猪皮被炸得酥脆，一咬，便有清甜的肉被撕下来，没有坚韧难咬的感觉。

细心的钦州人早已关注到这一点，把粗大的猪脚切成几段，有肥有瘦，有大有小。当你出现在猪脚粉店里，一盘切块整齐的猪脚就在桌子上安安静静地等待了。你站在盘前，尽情地挑着自己喜欢的那一段，带骨头的，最好还有一些筋脉。如果牙齿不好，就夹一块纯是瘦肉的。吃惯了猪脚粉的人，毫不犹豫地夹上一整只，张大嘴巴，尽情享受。一天美好的开始，就是由这一只美滋滋的猪脚开始。也许这么一顿充足的早餐后，中午就不用那么操心了，随随便便吃上一点，到晚上再清淡吃一点，一天的生活就这么轻松地过了。

最好别碰到周末空闲的时间，或者别碰到钦州朋友，一旦碰到了，这可爱的猪脚就有好戏了。这在任何地方都不会发生的，那热情的朋友会拿来一两瓶醇香的酒，劝说别浪费这么香甜的猪脚，你正要辩说，一块甜滋滋的猪脚塞满了嘴巴，到口的话儿被堵住了。等你好不容易将猪脚嚼透，咽下肚，一杯透亮的酒递过来，望着朋友早已空空的酒杯，还有他那充满期待的目光，自己一仰脖子，一干到底，一口气没换好，又是一块香喷喷的猪脚来了。猪脚的热情真是让人难以抵挡，不知不觉，自己醉了，嘴里还啃着一块猪脚，钦州的朋友乐呵呵地笑了，大概自己已经变成他眼里的一块猪脚。

五

穿过钦州的大街小巷,一只只喷香的猪脚迎面而来,奔向迫不及待的嘴巴;后面追着一双双妒忌的眼睛,能不来钦州吗?

莫景春,毛南族,原籍广西环江毛南族自治县,曾就读于北京师范大学,硕士,中国作家协会会员,河池市作协副主席,曾在《民族文学》《四川文学》《青春》《山东文学》《福建文学》等全国文学刊物发表散文数十万字,有多篇被《散文选刊》等刊物转载,文章入选《2016年中国年度精短散文》《建国六十周年少数民族优秀文学作品选》《广西多民族文学经典(1958—2018散文卷)》等各种选本,曾获广西"花山"文学奖、刘三姐文艺奖、叶圣陶教师文学奖等,著有散文集《歌落满坡》《被风吹过的村庄》,现供职于广西河池高中。

采茶戏：呼唤生命的乡音

邱桂丽

傍晚，途经钦州桥旁边的市民小舞台，几个人忙着搭台布景，悬挂"采茶戏演出"的背景布幕，那"采茶戏"三个字，瞬间像子弹一样，击中了我的心。记忆悠然回到了儿时在北大荒的那个寒冬，病危的母亲躺在病床上，在弥留之际，是父亲在她耳旁反复吟唱着乡音采茶戏，才唤醒了在鬼门关上徘徊的母亲……

40年前，北大荒的那个寒冬特别的冷特别的漫长。自从进入三九天，每天气温都在零下35℃左右，怒吼的寒风打在脸上像刀割似的，鹅毛大雪飞檐走壁，在空旷的冰川雪野里呼啸狂奔，持续有半多月。知青们都归心似箭回大城市过年了，整个连队显得更加萧条、寂静。

天有不测风云，厄运忽然降临。刚入冬，父亲胃病又犯了，天天吃不下东西，卧炕不起。母亲因操劳过度突发剧烈头痛，连续高烧两天，连队卫生员打消炎针也不见效，全家被一种恐惧笼罩着。父亲心急火燎，顾不上自己的病体，天蒙蒙亮就跑去找连长派车，要尽快把母亲送往20公里外的场分部卫生院。病中的父亲不放心家里几个小的，只好让14岁的大姐去陪护。

母亲感到此去凶多吉少，便把大姐和我唤到炕前，有气无力地叮嘱我俩，要好好照顾三个妹妹。我俩听了母亲的话，泪水直流，双双扑膝跪下："妈，你会没事，你会好好的！"

自从母亲被抬上车的那一刻起，揪心、恐惧、不安如阴魂般无时无刻地吞噬着惴惴不安的家。但可怕的消息还是没有被寒风拦住，医院传来母亲病危通知，让家人火速赶往医院……

天感觉更冷了，连续半个月的暴风雪，厚雪没过膝盖。父亲抱着一岁多的小妹和我们挤在马拉的雪爬犁上,冒着鹅毛大雪和呼啸的寒风,向卫生院驶去。一路上冻得手脚麻木的我们哆哆嗦嗦,感到通往场分部的路太远了!

经过两个多小时的冷冻和惊恐,总算到达了场分部卫生院。父亲一手抱着冻得直哭的小妹,一手牵着我们三步并两步直奔病房。推开病房的门,我被吓呆了。病房里挤满了忙碌的医护人员,面色蜡黄、昏迷不醒的母亲,鼻孔插着吸氧管,身上也绑了很多仪器和管子,像蜘蛛网似的。大姐趴在床头哭得双眼肿得像金鱼似的,见父亲和我们到了,泣不成声叫道:"爸,赶紧救救我妈吧!"

"老廖,你赶紧醒醒,你不能狠心丢下孩子呀!"六神无主的父亲附在母亲耳旁不停地呼唤。无论怎么喊,母亲就是不搭理我们,在场的医护人员面无表情地站在一旁……

突然,父亲好像想起什么似的,左手紧握着母亲的手,右手抚摸着母亲的额头,泪流满面地贴近母亲的耳旁:"老廖,是我不好,这些年让你受累了,我知道你一直想回钦州老家,想听听家乡的采茶戏,现在我唱给你听,你听着好吗?"

有点哽咽的父亲反复吟唱着一支不知名的曲调,悠扬而伤感,与我们五姐妹一片的哭声混在一起,有一种惊天地泣鬼神的哀伤,那哀伤的旋律对母亲灵魂的呼唤,便是上帝也要为之动容。渐渐地,渐渐地,我突然发现母亲的眼角溢出晶莹泪滴,像荒漠里的甘露。

"爸,我妈醒、醒了!"

心诚至灵,冥冥之中老天爷保佑。母亲慢慢地睁开双眼,眼里噙满泪水:"老邱啊,我以为再也见不到你们了。"

瞬间,医护人员都为这奇迹的出现而震惊,父亲百感交集,在场的所有人破涕为笑。

父亲唱的是什么?是采茶戏,是刻在灵魂深处的乡音,就像在茫茫冥海之中,母亲抓住的一根稻草,成为了唤醒生命的"神曲"。从那以后,"采茶戏"这三个字便深深烙在我的脑海里,因为它是救活母亲的神曲,是保全我们家的圣灵。

万发缘生,皆系缘分。也许今生注定我同"采茶戏"有不解之缘吧。

没想到在东北中专毕业后分配回钦州工作,回到了父母出生长大的地方、"采茶戏"的家乡。

晚饭后经常散步经过市民小戏台,隔三岔五就能欣赏到"采茶戏",小小舞台演绎着人生百态,来看戏的多为老年人,自带小板凳,专注的神情随着表演者

的喜怒哀乐而变化，真是一派其乐融融的景象。

为何民间小戏"采茶戏"如此得到百姓喜爱，其魅力何在？带着这份感念和好奇，在工作之余，我经常留意或打听关于采茶戏的发展现状，期盼对采茶戏有更深了解和对话。

在文友的引见下，总算打听到一位钦州采茶戏老戏骨——邓飞老前辈。在一个周末午后，我有幸拜访了现年83岁的邓老先生。当邓老先生微笑地迎候我们时，他身着白色短衬衣、灰色西装短裤，红光满面，满头银发，微笑和善，精气神很好，我根本不敢相信这是83岁的退休老干部。

我把来意和想法告诉邓老先生后，他很高兴，感慨地告诉我："采茶戏是传统戏曲剧种之一，我从16岁开始接触采茶戏，对采茶戏有种不离不弃的情怀。"邓老一提起采茶戏，便神清气爽。在他的娓娓道来中，我仿佛穿越时空隧道，畅游在钦州采茶戏的历史长河中，浮现出一幕幕精彩演出画面，"采茶戏"的乡音之谜正在一层层剥开。

有根的人，灵魂永远不会漂泊和孤独。在邓老先生的思绪回放中，我寻到了采茶戏的根。

在清代乾隆年间，采茶戏流传到钦州，成了城乡群众所喜闻乐见的传统戏曲剧种之一，至今已有近三百年的历史。采茶戏在江西、福建、安徽叫"采茶灯"，在湖南、湖北叫"采茶歌"，在广西桂北地区叫"采茶舞"。采茶戏的形成，脱颖于采茶灯、采茶歌和采茶舞，还和花灯戏、花鼓戏的风格相近，三者之间相互吸收，交互影响。"采茶灯""采茶歌""采茶舞"在清代乾隆年间仅是一种民俗活动，道光年间，开始发展成为以故事为主、由民间艺人根据历史典故和民间传说编写出有人物、有时代特征、有故事情节的小戏，成为登上大雅之堂的"百戏"之一。

"钦州采茶戏，有浓郁的地方特色，寓教于乐，敦化乡风民俗，特有的浓浓乡情，走到哪都忘不了！"邓老感慨地说道。钦州采茶戏，由田园风刮到乡村禾堂地，渐渐形成了生活气息浓郁、地方特色鲜明的民间歌舞剧种。钦州采茶戏带有浓重的乡土味，以地道的钦州白话为说唱语言，唱词、道白运用了很多钦州方言、俚语，唱词朴素自然，浅显易懂，蕴含着浓浓乡情。比如福田中状元后回乡时说"想当年，我在马家庄做木工，马老爷几睇衰我"，这"睇衰"即是"看不起"的意思。"一篮花生一篮菜，各人老公各人爱"，土话张口就来，生动俏皮，往往演员唱声未落，外地人尚未反应过来，当地人已经笑开了。钦州采茶戏寓教于乐，敦化乡风民俗，比如唱词"开书唱，习书文，听娘教导正成人，男人听教敬父母，女人听教敬夫君"。好的唱词口口相传，在潜移默化中陶冶人们的性情。钦州采茶戏经过文艺工作者不断改革创新，于新中国成立后发展成舞蹈、独幕剧、多幕剧等多种戏曲形式，通过作品反映地方的风貌，社会生活中的善恶美丑，赞颂正直忠贞、勤劳俭朴的传统美德。

采茶戏能在钦州长演不衰，广泛受百姓喜爱，因为它有强盛的生命力！正如著名历史学家戈定楞在留言簿上写道："采茶艺术效果好，民间文化是个宝。""世上千般万种情，最喜采茶敬亲人"，钦州市采茶戏名家刘北尤如是说。采茶戏给人们带来热闹和喜庆，逢年过节、婚姻嫁娶、满月做寿、人们喜欢请采茶戏到家里演唱一出。儿女孝顺为长者祝福贺寿，或是安送先人，都请来采茶戏，聊表寸心。邻里之间，亲朋之间，看戏打趣，聚在一起，愉快身心，增进感情。

钦州采茶戏从草台唱戏、地摊演出、小戏自编，到创新发展、开拓戏路、荣登艺术殿堂并长演不衰，除了有广泛的群众基础之外，更重要的是各级政府对民间艺术的重视，大力扶持民间戏曲，帮助提高其艺术水平。2006年5月20日，采茶戏经国务院批准列入第一批国家级非物质文化遗产名录。

"蓝天当屏幕大地做舞台"。唱采茶深受人们喜爱，成为群众文化生活的重要内容。迈着矮子步，甩着单袖筒，摇着扇子花，"且咚且咚且且咚，且且咚咚且且咚"，只要听到"开台茶"锣鼓一响，方圆数里，人们蜂拥而至。采茶戏扎根于地方民俗土壤，俨然成为中国民间艺术的一朵奇葩。

邱桂丽，笔名冰晨、秋语，1969年7月生，汉族，广西钦州市人，研究生学历。现供职于广西钦州市文联，任党组成员、副主席，广西文艺志愿者协会理事、钦州市文艺志愿者协会主席。广西作家协会会员。1991年开始文学创作，以散文、诗歌为主，至今有25万字，大部分在省、地市报纸、期刊发表，部分作品荣获省级、市级奖项。2018年由团结出版社出版了散文集《落雪无声》。